|"中国劳模"系列丛书

天安门前的"美容师"：
蔡凤辉

陈 超 / 著

吉林出版集团股份有限公司
全国百佳图书出版单位

图书在版编目（CIP）数据

天安门前的"美容师"：蔡凤辉/陈超著. -- 长春：吉林出版集团股份有限公司, 2023.4
（"中国劳模"系列丛书）
ISBN 978-7-5731-3074-7

Ⅰ.①天… Ⅱ.①陈… Ⅲ.①蔡凤辉-传记 Ⅳ.①K828.1

中国国家版本馆CIP数据核字（2023）第039591号

TIAN'ANMEN QIAN DE "MEIRONGSHI": CAI FENGHUI
天安门前的"美容师"：蔡凤辉

著　　者	陈　超
组稿统筹	东北师范大学文学院创意写作研究中心
撰写指导	余　弓
责任编辑	王丽媛
实习编辑	张碧芮
装帧设计	张红霞

出　　版	吉林出版集团股份有限公司
发　　行	吉林出版集团社科图书有限公司
地　　址	吉林省长春市南关区福祉大路5788号　邮编：130118
印　　刷	唐山富达印务有限公司
电　　话	0431-81629711（总编办）
抖音号	吉林出版集团社科图书有限公司　37009026326

开　　本	710 mm×1000 mm　1 / 16
印　　张	9
字　　数	100千字
版　　次	2023年4月第1版
印　　次	2023年4月第1次印刷

书　　号	ISBN 978-7-5731-3074-7
定　　价	45.00元

如有印装质量问题，请与市场营销中心联系调换。0431-81629729

PREFACE 序言

劳动创造财富，劳动创造幸福，劳动创造未来。习近平总书记在2020年全国劳动模范和先进工作者表彰大会上的讲话中指出："全社会要崇尚劳动、见贤思齐，加大对劳动模范和先进工作者的宣传力度，讲好劳模故事、讲好劳动故事、讲好工匠故事，弘扬劳动最光荣、劳动最崇高、劳动最伟大、劳动最美丽的社会风尚。"当今世界，综合国力的竞争归根到底是科技人才和高素质劳动者的竞争。改革开放以来，我们强大的工人队伍用辛勤劳动和拼搏奉献推动中国制造、中国智造、中国创造走向世界的前列，新时代的中国面貌日新月异。大力弘扬劳模精神、劳动精神、工匠精神，加强高素质技能人才队伍建设，打造一支宏大的知识型、技能型、创新型劳动者队伍是伟大时代赋予我们的历史责任。

劳动模范是民族的精英、人民的楷模，是共和国的功臣。自改革开放以来，广大职工勇立改革潮头，独立自主，奋发图强，勇于创新，其中涌现出一批批全国劳模和大国工匠，他们参与建设了代表中国高度、中国速度、中国深度的一系列重大工程，提升了国家实力，打造了"中国名片"，树立了"中国品牌"，增添了"中国力量"，充分释放出工人阶级的创新活力，展示出大国工匠强大的创造能力。他们以工人阶级的满腔热忱在各自平凡的工作岗位上创造了辉煌的业绩，书写了新时代的壮丽篇章。

爱岗敬业、争创一流、艰苦奋斗、勇于创新、淡泊名利、甘于奉献的劳模精神，崇尚劳动、热爱劳动、辛勤劳动、诚实劳动的劳动精神和执着专注、精益求精、一丝不苟、追求卓越的工匠精神，是广大劳动群众在社会生产实践中锤炼形成的弥足珍贵的精神财富，是工人阶级伟大品格的具体体现，是民族精神和时代精神的生动体现。民族复兴需要劳动模范，祖国强盛需要大国工匠，中国制造、中国智造、中国创造更需要大国工匠的强有力支撑。劳模、工匠等的成长故事、先进事迹中承载的劳模精神、劳动精神和工匠精神，是激励全国各族人民团结奋斗、勇往直前的强大精神力量。

"中国劳模"系列丛书，采用图文结合的方式，讲述全国劳模、大国工匠和先进工作者的成长经历及他们追梦、筑梦、圆梦的故事，用他们在平凡岗位上创造不平凡业绩的真实故事感染读者，形成劳动最光荣、劳动最崇高、劳动最伟大、劳动最美丽的社会风尚，引导广大技术工人和青少年形成劳动光荣、技能宝贵、创造伟大的观念。

"匠心筑梦，强国有我。"新时代是万象更新、生机勃勃的时代，也是一个继往开来、创新创业和建功立业的大时代。希望广大读者能以劳动模范为楷模，以大国工匠为榜样，立志技能报国、技术强国，踔厉奋发，勇毅前行，锤炼思想品格，汲取劳动智慧，勇于担当、勤于钻研、甘于奉献，为推进新型工业化和乡村振兴，加快建设制造强国、质量强国、航天强国、交通强国、网络强国、数字中国、农业强国，为全面建设社会主义现代化国家贡献青春力量。

中华全国总工会副主席（兼）

中国航天科技集团有限公司第一研究院

211厂14车间高凤林班组组长

2022年11月

传主简介

　　蔡凤辉，女，中共党员，1975年生，河南省西平县人，现为北京环卫集团北京城市机扫服务有限公司天安门人工保洁班班长。蔡凤辉是全国劳动模范，全国五一劳动奖章获得者，全国巾帼建功标兵，全国和北京市三八红旗手，"北京榜样"，中国共产党第二十次全国代表大会代表。

　　蔡凤辉的父母都是地地道道的农民，养育了五个子女，蔡凤辉为家中最小的孩子。1995年，20岁的蔡凤辉跟着表姨来到北京。从手帕胡同到前新饭店，从医院保洁员到天安门前的"美容师"，蔡凤辉凭借着自身的干劲儿、钻劲儿、闯劲儿和干一行、爱一行、钻一行、精一行的敬业精神，逐渐成长为一名知识型、技能型、创新型的新时代环卫工人。

蔡凤辉带领天安门人工保洁班多次参与全国两会、"五一"、"十一"等重大活动、重要节日的环卫保障工作,在纪念中国人民抗日战争暨世界反法西斯战争胜利70周年活动、庆祝中华人民共和国成立70周年活动、庆祝中国共产党成立100周年活动的环卫保障工作中表现优异,以实际行动充分践行和发扬了"爱岗敬业、争创一流、艰苦奋斗、勇于创新、淡泊名利、甘于奉献"的劳模精神。

目 录 CONTENTS

| 第一章　小潘庄里的"苦菜花"　// 001
　　　　父亲用一把镰刀换来的"爱情"　// 003
　　　　家里的"小妈妈"　// 006
　　　　学校里的"大姐大"　// 009
　　　　再见了，"灰灰菜"　// 014
　　　　砖厂里的"临时工"　// 017
　　　　我爱北京天安门　// 020

| 第二章　背井离乡的"蒲公英"　// 023
　　　　公园就是我的"家"　// 025
　　　　谢谢你，陌生的阿姨　// 028
　　　　巾帼不让须眉　// 032
　　　　工作、学习两手抓　// 034
　　　　饭店改革，何去何从　// 037
　　　　婚后生活　// 040

| 第三章　凌晨四点的"牵牛花"　// 045

　　重操旧业　// 047

　　与天安门广场"结缘"　// 051

　　女儿作文里的妈妈　// 056

　　口香糖污渍"大会战"　// 060

　　亮丽的风景线　// 063

　　天安门前无小事　// 070

　　先有国后有家　// 074

| 第四章　党旗下的"向日葵"　// 077

　　我把党来比母亲　// 079

　　圆了大学梦　// 082

　　一堂令人难忘的课　// 086

　　一封珍贵的回信　// 091

　　我心向党　// 094

| 第五章　风雨后的"铿锵玫瑰"　// 097

　　迎接中华人民共和国70岁生日　// 099

　　一头是观礼，一头是保障　// 106

　　献礼建党100周年　// 110

　　我是京环人，我自豪　// 117

　　行行都能出状元　// 121

　　路在远方，共同成长　// 124

 第一章　小潘庄里的"苦菜花"

小潘庄的苦菜花

虽小但顽强

不与百花争艳

不惧秋风寒凉

根苦花却香

父亲用一把镰刀换来的"爱情"

　　1975年3月5日，惊蛰前夕，伴随着一声啼哭，河南省西平县出山公社（今出山镇）小潘庄的蔡家迎来了第五个孩子，父亲给这个哭声最响亮的小女儿取名凤辉。

　　蔡凤辉的父母都是地地道道的农民。父亲蔡有信，祖籍山东，后因年幼丧父，他和母亲被舅舅接到河南代为照顾。舅舅一家在河南过得并不富裕，如今又添了两副碗筷，日子更是捉襟见肘。小小年纪的蔡有信深知舅舅的不易，早早当起了舅舅的助手。七岁的时候，他就主动要求去生产队挣工分，贴补家用。

　　早起见日出，暮见飞鸟还。当同龄的孩子还在睡梦中时，蔡有信已经扛着比自己还高的锄头开始了一天的劳作；当村子里的孩子读书或玩闹时，蔡有信一边照顾着母亲，一边干些力所能及的家务活儿。因为母亲患有精神失常的疾病，蔡有信常常被村里人嘲笑，可为了不给舅舅一家惹麻烦，他从不作声，常常一个人躲在角落，思念着故去的父亲。

　　时光总像"林花谢了春红"，脚步太匆匆。

　　一晃几年过去，当初瘦瘦小小的蔡有信已经长成了一个顶天立地的男子汉。烈日和汗水赋予了他黑黝黝的皮肤，重担和压力让他过早地体验到了生活的艰辛。每天，他都要步行三个多小时去村子附近的山上砍柴。也许是上天眷顾努力生活的人，在这日复一日、年复一年的砍柴路上，一段姻缘正悄悄地向他走来。

小潘庄位于出山公社西北方向，属于平原地带。离村子最近的一座山在十公里开外，而要上山须得途经山脚下的黄山庄。彼时的赵书珍，也就是后来蔡凤辉的母亲，正是黄山庄一个普通的姑娘。蔡有信路过黄山庄，总能机缘巧合地与赵书珍偶遇，二人虽不相识，但因为这冥冥之中的缘分，情窦初开的少男少女内心渐渐互生好感。

蔡凤辉的母亲赵书珍出生于一个普通的家庭，她从小身体不太好，父母一直希望给女儿找一个家道比较殷实的婆家。对于女儿和蔡有信的来往，父母二人坚决不同意，因为他们打听过了，这个蔡有信是个穷小子，家里还有个不能自理的母亲，谁也不愿意把自己的女儿嫁到这样的人家去受苦。可任凭父母怎么劝说，赵书珍就认准了蔡有信。于是，在媒人的正式介绍和见证下，没有任何聘礼，没有结婚仪式，甚至没有摆一桌酒席，只有一把陪伴蔡有信多年的镰刀作为求婚信物，一个小家庭就此组建了起来。

婚后的生活虽然艰辛，但亦有甜蜜。

夫妻二人接连生了五个孩子——四个女儿、一个儿子，蔡凤辉是最小的一个。父亲蔡有信小时候没上过学，内心一直觉得这是个遗憾。所以无论一家七口的生活多么困难，他都坚持送孩子们去读书。母亲赵书珍勤俭持家，省之又省，把节省的钱都攒下来给孩子们交学费。当时小潘庄里有一所小学，但因为年头比较久，学校很破旧，老师也短缺，村里不少人就合计着把孩子送去镇上读书。蔡有信夫妻二人犹豫了很久，最终还是咬紧牙关让蔡凤辉也去镇上读书。

当时，蔡凤辉的大姐蔡爱芹已经结婚，并且搬到了镇上居住。镇上离村子比较远，到了冬天，天气寒冷，天黑得也早。考虑到妹妹来回上学不方便，蔡爱芹便让蔡凤辉住在自己家里。可蔡凤辉觉得这样会给姐姐添不少麻烦，于是，她编各种理由中午不回姐姐家，想着少吃一顿。几次下来，蔡爱芹看出了她的小心思。每当蔡凤辉说学校有事不能回大姐家时，蔡爱芹就会带着饭盒给她送饭。大雪天，蔡爱芹的手冻得冰凉，但怀里的饭却还是热乎乎的。蔡凤辉一边吃一边想着：将来有了出息，一定要好好报答大姐。

后来一次偶然的机会，蔡凤辉和父母说起了这件事情。夫妻二人顿时觉得是自己考虑得不够周到，大女儿已经成家，日子也过得紧巴巴的，镇上不比村里，吃的喝的都需要花钱。于是，收割完小麦后，夫妻二人给大女儿留了最好的麦子并磨成了面，亲自送到女儿家。

屋檐下一方烟火，人世间沧桑变化。

这些年来，父亲蔡有信和母亲赵书珍一直本本分分、勤勤恳恳，即便后来儿女们都长大成人，生活稍好了些，他们还是舍不得在自己身上多花一分钱。儿女们也深受父母影响，都不怕苦、不怕累，更不计较得失，尤其是蔡凤辉，每当说到她，父母都是一脸的骄傲。

家里的"小妈妈"

蔡凤辉的母亲赵书珍是个热心肠,自打她嫁到小潘庄,无论邻居们有什么事,她都愿意伸手帮忙。农村中有的人家老少十几口,粮食难免不够吃,赵书珍总能从自己家的粮食中省出来一些送给他们。

当时,蔡凤辉的哥哥蔡遂成已经结婚,并且有了一个可爱的小女孩——蔡亚楠。为了给家里省口粮,也为了挣点儿钱,哥哥和嫂子思来想去决定外出打工。当时蔡亚楠还未满一周岁,一家人商议过后决定把孩子留在老家,由母亲赵书珍照顾。

一年之计在于春,种子一天不落土,面朝黄土背朝天的农民们的心总是悬着。好不容易盼来了适合的节气,全家人披星戴月,恨不得住在田里,生怕错过一个节气就耽误了一年的收成。赵书珍看着蔡有信一个人起早贪黑,急得像热锅上的蚂蚁,一边是嗷嗷待哺的孙女,一边是未来一年的口粮,哪边都离不开人。这天,赵书珍正打算用筐背着孙女去田里干活儿,脚还没迈出门,蔡凤辉就跑了进来。"你咋回来了?是不是学校有什么事?""没事,娘,我就是……怕你和爹忙不过来,所以……一放学我就跑回来了。"气喘吁吁的蔡凤辉将小侄女从筐里抱出来,"娘,你去干活儿,我看亚楠。"

接下来的一段时间,还未及笄的蔡凤辉成了照顾小侄女的主力。每天上学前,她都把奶粉冲好,中午更是连饭都顾不上吃就往家跑。晚上,常常是小侄女睡着了,她才有时间写作业。周六、周日任谁叫她出去玩儿,她都不肯,而是背着小侄女去田里帮父母干活儿,给小侄女唱歌,哄她睡觉。邻居们看到这一幕,不禁打趣道:"小辉呀,你都要成为这孩子的小妈妈了。"

光阴荏苒,寒暑推移。

小侄女在蔡凤辉的精心照顾下渐渐长大,学会了说话,学会了走路,甚至知道受委屈后第一时间找蔡凤辉。后来,嫂子又生了一对双胞胎儿子,但蔡凤辉内心最喜欢的还是小侄女。她知道以哥哥嫂子的能力无法同时供三个孩子上学,所以去北京打工后,每次一领了工资,她就汇回家,蔡亚楠上学期间的费用几乎都来自蔡凤辉的"赞助"。

后来,临近新年的某一天,正在岗位上忙碌的蔡凤辉突然接到了蔡亚楠的电话。

"小姑,有件事我想和你说。"

"什么事?"

"等初中毕业了,我就不想读了。"

"为啥?钱的事你不用担心,姑有。"

"不是,姑,我知道自己不是学习那块料,所以我也想和你一样去北京打工。"

"亚楠，你听姑一句劝，来北京打工不是你想象中那么简单的，姑是过来人，吃过的苦不想让你也经历。"

"小姑，你不是总说人不一定非得读书才能出人头地吗？我不怕苦。我要是去了北京也一定好好干。"

"那你爸妈知道这件事吗？"

"我不敢告诉他们，我就告诉了你一个人。"

"亚楠，现在离毕业还有一段时间呢，你现在什么都别想，好好学习，等你毕业了有啥决定，姑都支持你。"

"小姑，我就知道你对我最好了。"

在侄女蔡亚楠的心里，蔡凤辉就是她最好的榜样和最信赖的人，有什么心事她都想第一时间和小姑分享。初中毕业后，蔡亚楠追随姑姑来到了北京。看着当初自己怀里的小奶娃出落成了亭亭玉立的少女，蔡凤辉仿佛看到了19岁时刚来北京的自己。她问侄女："你想好来北京干什么了吗？""想好了，和姑姑一样，干环卫。"蔡亚楠回答得非常干脆。"环卫这活儿可是又苦、又脏、又累，你就不怕别人笑话你？""不怕，天塌了有小姑给我撑着呢！"

对于蔡亚楠跟着蔡凤辉到北京当环卫工人，小潘庄的很多人都不理解。蔡凤辉在北京这么多年，怎么就不能给侄女介绍个体面的工作？蔡凤辉心里却不是这么想的，她觉得人只有在年轻的时候不怕苦不怕累，一步一个脚印，才能获得更多的机会。2016

年，蔡亚楠通过了北京环卫集团的招聘，如愿来到了天安门广场，和姑姑"并肩作战"。并且在后来的工作中，她更是青出于蓝。现在的蔡亚楠已经是北京某知名物业公司的项目经理，在北京拥有了一片属于自己的广阔天地。

学校里的"大姐大"

学生时代的朋友是彼此青春的最好收藏者。

当有人提起老同学蔡凤辉时，王江鹏的话匣子一下子就打开了。小学的时候两人就在一个班级，王江鹏住在镇上，蔡凤辉家在村里。八九岁的王江鹏十分调皮，还总愿意找蔡凤辉的"碴儿"，蔡凤辉就给他起了一个外号——"街痞子"。王江鹏气不过，也给蔡凤辉起了一个外号——"灰灰菜"。俩人一口一个"街痞子""灰灰菜"，打打闹闹一转眼就上了初中。

没承想在开学这天，王江鹏竟然在班级里看见了那个熟悉的身影——"灰灰菜"。想到未来三年还能做同班同学，俩人都高兴得不得了。上了初中的王江鹏再也不是那个整天只知道薅小女生辫子的调皮蛋了。他不仅学习好，而且还当上了班长，负责班级学习方面的工作。蔡凤辉呢，也不甘落后，她虽然成绩不如王江鹏，但因为乐于助人、开朗大方，同样被老师任命为班长，主要负责班级的活动和后勤。曾经的玩伴成了"搭档",二人相得益彰。

上小学的时候,蔡凤辉就因为风风火火的性格,常被视为"假小子"。那时候谁要是敢欺负她班上的同学,她总是第一个站出来"仗义相救"。上了初中后,蔡凤辉变得更加有主意,有担当,有责任心,同学们私下里都喊她"大姐大",她无论要做什么,总是能一呼百应。

初三那年,学校组织初高中拔河友谊赛。蔡凤辉一马当先,带领"娘子军"首战告捷。到了男生比赛的时候,体育老师刚让双方各就各位,男生们就傻了眼,眼见着对面的高中生个个人高马大,大家都有点儿打退堂鼓,力量悬殊,该怎么拔?果不其然,哨声刚落,蔡凤辉班级的男生虽然使出了吃奶的劲儿,但还是被对方占据了上风。眼看着比赛就要输了,蔡凤辉着急地把全班的女生都喊了过来,大家一起高喊着"加油"。同时,她又让几个力气大的女生把脚伸出来挡在男生脚的前面,增加阻力,减少打滑。蔡凤辉甚至还让打头儿的男生踩着她的脚。这场拔河比赛好像拔了一堂课那么久,到最后男生们都要躺在地上了,但仍旧没有松手。正是凭着这股韧劲儿,蔡凤辉的班级最终赢得了胜利,也成为此次拔河比赛的冠军。可这金灿灿的奖杯还没热乎几天,高中的一位老师就来到了蔡凤辉的班里,点名要找蔡凤辉谈谈,说她当时在拔河比赛上那么做有作弊的嫌疑。没等蔡凤辉回话,全班同学就一个个都站了起来,"今天老师要想带走蔡凤辉,那就把我们都带走!""对,我们都跟着去!"这老师估计也是头一回看到这么大的"阵仗",简单批评了几句就赶紧走了。

壮志儿童先上榜,穷人孩子早当家。

虽然蔡凤辉的学校在镇上,但是班里的同学大多是农村孩子。农忙的时候,总有一些同学因为家里人手不够请假、旷课,这可给班主任愁得不得了。蔡凤辉就主动请缨,发动一部分同学利用放学后和周末休息的时间去各家各户帮忙。王江鹏的父亲早些年去世了,家里只有他和母亲两个人,蔡凤辉就领着几个个头儿比较高大的男生、女生去王江鹏家帮忙收玉米。一开始,王江鹏还有点儿磨不开面子,蔡凤辉一看,说:"那这样吧,正好我家也掰玉米呢,大家先帮我家干,再帮你家,怎么样?"王江鹏点点头,内心有说不出的感激。无论去谁家帮忙干农活儿,蔡凤辉总是"总调度"和"气氛担当"。她分配两到三个人一组,小组作业,互相比较,看谁掰得快、谁掰得好,第一名还有"奖励"。就这样,"流水"的同学,"铁打"的蔡凤辉,整个秋收,同学们的家长几乎都知道了自己的孩子有个热心肠的同学,名字叫蔡凤辉。

还有一件事,令王江鹏至今记忆犹新。河南的冬天,风尤其刺骨,王江鹏的手生了冻疮,又疼又痒,有时候连握笔写字都成了问题。冻疮膏太贵了,蔡凤辉买不起,于是她就将家里的擦手油拿来送给了王江鹏,并且嘱咐他每天晚上睡觉之前厚厚涂一层。后来擦手油用完了,王江鹏也没舍得扔掉那个瓶子,因为每次看到,他都觉得心里暖暖的。

| 012 | 天安门前的"美容师" | 蔡凤辉

⊙ 1993年,蔡凤辉与同学合影(前排右一为蔡凤辉,左一为王江鹏)

告别了无忧无虑的少年时期，毕业后的同学有的外出就业，有的在家务农，天南海北，相聚的机会甚少。由于工作的原因，蔡凤辉也很少回老家，但她心里一直惦记着和同学们再相聚。2018年，蔡凤辉作为北京环卫集团一线保洁员前往中国劳动关系学院脱产学习，正是这一年，她有了工作后第一个时间较为充裕的假期——寒假。回到老家的她迫不及待地给在外工作的同学们打电话，大家一听说"大姐大"回来了，都马不停蹄地往老家赶，在这一年的聚会上所有的初中同学都到了。人到中年，再次回忆起上学的时光，每个人都仿佛回到了少年时期，大家约定一起走一回"青春路"，回到初中校园再做一回"同学"。

初见岁月悠长，回首时光不老。

当年大家读书的课桌早已陈旧，承载知识的黑板也已斑驳，操场上的篮球架也变了模样。"同学们，咱们再打一次篮球吧！"蔡凤辉提议道。"好啊！"脱了外套，撸起袖子，篮球场上奔跑的他们仿佛变回到十四五岁的模样。

夕阳西下，将每个人的影子都拉得好长，同学们三三两两地走在校园里，回忆着校园里一草一木、一砖一瓦的故事。"你们看，那是谁？"眼尖的蔡凤辉一眼就认出了校门口的王爱华老师。"谁呀？""咱们初中王老师！"

王爱华现在已经是这所初中的校长了。他看着自己曾经教过的学生如今都已经有了自己的家庭和事业，喜悦之情溢于言表。尤其当听说蔡凤辉荣获全国五一劳动奖章后，他先是惊讶，而后又觉得在情理之中，"你呀，上学的时候我就看出来了，身上有那股子不服输的劲儿，到哪儿都错不了。"

天色已晚，可谁都不愿意离去。大家和王老师一起在校园里走了一圈又一圈，有些东西确实变了，但有些东西一直没变。

青山在，人未老，同学情正浓。
岁月增，水长流，情怀深依旧。

再见了，"灰灰菜"

一晃两三年，匆匆又夏天。

初三毕业的这个夏天，蝉鸣声比以往更聒噪，叫得蔡凤辉心里五味杂陈，因为此刻，她正在做一个大胆的决定：不读高中了。父亲知道了她这个想法，坚决不同意，气得两天没和她说话。蔡凤辉心里觉得很委屈，她何尝不想上学，不想继续和同学们一起读书呀？可是她不能眼睁睁看着父亲的膝盖打着封闭针，却还要瘸着腿出去给别人盖房子挣钱；也不能看着母亲每天强忍着气管炎的病痛，上气不接下气地干农活儿。听着尚在襁褓中的小侄女因为喝不饱奶饿得嗷嗷哭的声音，蔡凤辉暗暗对自己说："既然做了这个决定，就一定不能后悔。"

同学当中王江鹏是第一个知道蔡凤辉不打算继续上学的。暑假的时候同学们相约一起出门玩儿，以往第一个到的蔡凤辉当天却是最后一个来的,王江鹏注意到她手上起了一串水泡,便忍不住问她怎么回事。想到同学们迟早都会知晓,蔡凤辉索性也不隐瞒了,她告诉王江鹏自己在打零工赚钱,不想上学了。王江鹏愣住了,他不明白那个异常热爱校园生活的蔡凤辉怎么就突然放弃学业了。"我是家里的一分子,不能只考虑自己。我爹娘身体不好,小侄女还那么小,我得想办法干活儿挣钱。而且这一年你也知道,我的心思也没在学习上,所以你说让我上高中,那纯粹是浪费钱。王江鹏,你不用担心我,我没事,谁说非得上学才能出人头地呢?"蔡凤辉若无其事地说道。"那以后,我们还能找你玩儿吗?""能啊,当然能,别说找我玩儿了,就算是找我帮忙,我也随叫随到。"

高中开学了,蔡凤辉瞒着父母没去报到。

这天夜里,曾经的初中班主任马满金来到了蔡凤辉家,蔡凤辉一进门,发现马老师在,泪水就在眼眶里打转了。父亲知道她自作主张不去上学后气得要揍她,马老师赶忙把她护在了身后。"你们先别着急,我和孩子好好谈谈。"马老师拉着蔡凤辉进了里屋。"小辉,你不想上学的原因老师都知道,你的困难老师也理解。要不这样,你去上学,对于学费的事老师和同学们一起帮你想办法。""不,马老师,我不想再给大家添麻烦了,这学说啥我都不上了。""你不上学以后怎么办?农村孩子要想改变命运最好的途径就是读书,你没有学历以后怎么在社会上立足哇?""马老师,您别说了,就算我爹娘打死我,我也不去上学了。"

可马老师不知道的是，蔡凤辉曾经偷偷溜进过高中学校，看见王江鹏他们正拿着《语文》书大声地朗读课文。那扇不属于她的教室的门"嘎吱"一声关上了，那里面全都是别人的故事，与她无关。

马满金老师不想放弃，后来又来找过蔡凤辉好几回，每次蔡凤辉都知道却故意躲着不见。一晃多年，她再次见到马老师是在一次同学聚会上，彼时的马老师双鬓斑白，已经退休，爱人的离世给了他不小的打击。听说马老师想要组建一个地方戏班子，蔡凤辉特别支持，但同时，她也看出了老师的难处，这些年马老师身体不好，一直在吃药，本来退休金就不高，组建戏班子最大的困难恐怕就是资金问题。她和同学们商量着集资帮一帮马老师，大家一拍即合，有钱的出钱，没钱的出力。蔡凤辉也把自己多年的积蓄全部拿了出来，没几天大伙儿就凑齐了一万块钱，给马老师买了锣、鼓等一系列必需品。马老师激动得热泪盈眶："谢谢你，小辉！谢谢你们，我的孩子们！"

蔡凤辉到北京工作后，无论是哪个同学或老师来到北京，她都热情地招待。有一次，王江鹏去天津出差，蔡凤辉听说后还特意赶去天津和他见面。一别多年，再次提到当年放弃上高中的事，蔡凤辉并不觉得后悔，"在哪儿都是学习，不一定非得坐在教室里。"王江鹏却开玩笑地说自己其实有点儿后悔，因为当时没有勇气和蔡凤辉好好说一声"再见"。酒足饭饱分别之际，望着蔡凤辉的背影，王江鹏突然大喊一声：

"再见了，'灰灰菜'！"

砖厂里的"临时工"

村庄里的砖厂是农村秋收后村民们临时打工的场所。这儿的活儿最累,却从不缺劳动力,因为田里的活儿忙完了,大多数村民为了既能照顾家又能挣点儿钱,都来这里打零工。蔡凤辉找到了村里的韩青林叔叔,想着让他帮忙介绍,能来砖厂轧砖。韩叔叔一听,以为蔡凤辉在开玩笑,"你这孩子,该干啥干啥去,这活儿不是女娃干的,我们大老爷们儿干一天都累得腰酸背疼呢,别说你一个小姑娘了。""我能,韩叔叔,我真能!"蔡凤辉跟在韩青林身后一个劲儿地求他。"小辉,叔和你说实话吧,这活儿不仅累人,它也没有你所想的那么简单,你知道这一块砖是咋出来的吗?那是从装土、和泥一点儿一点儿开始的,程序复杂着嘞。每天我们这十二三个人各司其职,那都是有固定工序的。每个步骤大家都不能马虎,都得眼疾手快,你说你个孩子啥也不会,来这儿不是耽误大家干活儿吗?""叔,我来过砖厂,我看见过你们都是咋干活儿的,而且你说的工序我都知道,你就让我试试吧。叔,我家的情况你也知道,我爹娘身体不好,哥哥也不在家,侄女还得吃奶粉,只要给我个机会,我保证好好干。""你……你这孩子随谁了?这么犟。行行行,明天你先来试试,先替班干点儿轻松的，到时候要是坚持不下来可别说我没给你机会。""中中中，谢谢叔，我明天就来。"

蔡凤辉高兴极了，她终于找到了一份"工作"。想到能够挣钱帮助家里，能够给小侄女买奶粉，她忍不住哼起了歌：

> 我们的家乡，在希望的田野上。
> 炊烟在新建的住房上飘荡，
> 小河在美丽的村庄旁流淌……

第二天早上七点，蔡凤辉满怀信心地来到了砖厂。"你不是看过别人都是怎么干的吗？那你就选一个你觉得轻松的，别累着。"韩青林虽然嘴上不赞成蔡凤辉在这儿干活儿，但心里也实打实地心疼这个丫头，希望她能干好，多挣点儿钱。蔡凤辉转了一圈，走到了切砖杠前，"叔，那我就推切砖杠吧，这机器我摸过。""行，那我再和你交代一下，这个四四方方、一米长的泥条就是从装土缸里搅拌加工出来的，你得用切砖杠把这个泥条切成十二块砖，知道了不？""知道了，叔。"这活儿说起来容易做起来难，蔡凤辉虽然摸过这个机器，但从未实际操作过，第一次尝试没推过去，她又搓了搓手使劲推了第二下，这十二块砖才勉强从机器里出来。蔡凤辉看着歪歪扭扭的砖体，还没等别人说，她的脸就红了起来，她恨不得找个地缝钻进去。旁边的大爷叹了一口气，"孩子，这样可不中哪，咱们每天是计件干活儿的，一块砖五厘钱，你切的砖多，挣的钱就多。可你切成这样，浪费了时间不说，人家是不会给你算钱的。你得像我这样，把全身力气都用上，一个猛劲儿就推过去了。"看着大爷切出来的均匀好看的砖，蔡凤辉点点头，深吸了一口气。这回她使出了吃奶的劲儿，两手抱着切砖杠，用脚使劲儿蹬着地，把整个人的重量压在杠上往前一推。这回再看，砖确实方方正正了。"你这孩子还挺机灵，别人一说你就会了。好好干，干好了一天能轧出来一万多块砖呢，咱们每个人都能分到六七块钱。"一听能挣这么多钱，蔡凤辉顿时来了力气，她一下又一下地推，一天下来推得脚都站不住地，眼睛也冒金星了。大热的天，她一口水没喝，浑身都是汗，衣服都能拧出水来。韩青林让她休息一会儿，她摇摇头，硬是坚持到了收工。就这样，蔡凤辉凭着自己的努力留在了砖厂，成了这里年纪最小的临时工。

当天晚上回到家，蔡凤辉饭都没吃倒头就睡着了。睡到半夜又饿又疼，她想起来吃个馒头，可别说下炕了，浑身疼得连翻身都需要勇气。她只能用被子蒙着头默默地流眼泪。这一刻，她是多么想念校园，想念老师和同学们啊。

千磨万击还坚劲，任尔东西南北风。

去砖厂干了没几天，蔡凤辉整个人就瘦了一大圈，可每次回家，父亲问她干活儿累不累，她都笑着说："不累，轻巧得很。"赵书珍看见女儿红肿的眼睛后，心里有说不出的酸楚，她和丈夫商量："孩儿她爹，要不还是让孩子去上学吧。"可蔡凤辉怎么都不同意，她把挣的十几块钱一股脑儿地塞给了母亲，让母亲买药、买奶粉。很快，蔡凤辉在砖厂就不只是轧砖了，每个工序她都学习了一遍，这份成就感让她觉得许多知识并不一定都要从书本里获取。那些无法到达的地方，文字可以载你去，但充满经历的人生更需要实践。

我爱北京天安门

> 我爱北京天安门，
> 天安门上太阳升。
> 伟大领袖毛主席，
> 指引我们向前进。

《我爱北京天安门》是蔡凤辉最喜欢的一首歌，也是她哄小侄女睡觉时哼唱的歌曲。天安门"长"什么样啊？她做梦都想去看看。可眼下比起去看天安门，她有更重要的事情要去做，那就是挣钱。

尽管蔡凤辉已经逐渐习惯了砖厂的高强度工作，但母亲赵书珍心里总觉得对不起女儿，她和丈夫商量："既然孩子真不想上学了，咱就给她找个轻松一点儿的工作吧。"临近秋收，正好南庄有个亲戚从北京回来帮家里干活儿，蔡有信就让赵书珍去打听打听，看看那个亲戚能不能搭桥，让女儿也跟着去打工。

赵书珍拎着一兜鸡蛋去了。这鸡蛋是她攒了许久的，她本想着过节改善改善家里的伙食,如今只盼望着它能发挥更大的作用。从南庄回来,赵书珍兴奋地和蔡有信说:"孩儿她爹,人家同意了,一听是咱闺女,就说了一个字:'中!'"

吃完饭,母亲叫蔡凤辉一起到院里晾衣服。"小辉,你想去北京吗?""北京?当然想,我做梦都想。""那你愿意去北京打工吗?""去北京打工?娘,我一个人不敢。""南庄,你有个表姨,她在北京打工,娘和她说好了,她同意这回再走就带着你。""真的吗?"蔡凤辉没想到自己去北京的梦想这么快就要实现了,可她转念一想:自己要是走了,父母怎么办?小侄女怎么办?"娘,我不去北京,我在砖厂干得挺好的。""小辉,娘知道你担心啥,你哥哥和嫂子来信了,说十一之后就回来,家里你不用挂念了。咱这儿地方小,没啥好工作,爹娘也没有本事,你去北京,替娘见见大世面。"

这一年的秋收,蔡凤辉干得格外卖力,她想着自己即将离开生活了十几年的地方,内心突然涌上了一种难舍的情绪。赵书珍何尝不是,她在给女儿收拾行李的时候才发现,已经好几年没有给蔡凤辉添过新衣服了,这孩子穿的要么是姐姐们剩下的,要么就是别人给的。

蔡凤辉远行的前一天夜里,父亲又开始拉肚子。前几年因为家里接二连三的变故,父亲落下了病根,一着急上火就拉肚子。他借口身体不舒服早早躺下了,但其实母女俩说的知心话他听得清清楚楚。虽然去北京打工是个好机会,可是蔡凤辉毕竟是第一次出远门,母亲赵书珍心里是一万个不放心。"到那儿千万别乱跑，听你表姨的话。""去了城里自己留个心眼儿。""对了，别和陌生人说话……"

"娘，你都说一晚上了。你放心，我一定好好的，在北京好好工作挣钱，养你和爹，还有亚楠。"

"你一个人出门在外别亏了自己，该吃吃该喝喝，家里不用你惦记，我和你爹都好着呢。娘给你那条外裤里头缝了俩兜，放了点儿钱——是娘偷摸攒的，你爹不知道。"

"娘，我不需要钱。"

"听话，你一个人在外头，娘不放心。"

"娘……"

"睡吧，明天还得坐车呢，别起晚了。"

蔡凤辉哪里睡得着？她知道母亲也没睡着。第二天一大早，蔡凤辉起来给全家人做了一顿早饭，拿起母亲打好的包袱，就要出门去南庄找表姨了。父母领着小侄女一直送到了村口，小侄女仿佛也知道最疼爱她的小姑要出远门了，哭着找她抱。在砖厂轧砖的这段时间，无论活儿多苦多累，蔡凤辉也只是在刚去的时候掉过一次眼泪，可此时，她再也忍不住眼泪了，只得转头大步地往前走。

成长的意义是什么呢？是懂得昨天的太阳晒不干今天的衣裳；是雨打窗、秋草黄、风吹落叶，但心里有光；是纵踩淤泥，也将苦难揉碎变成自己的力量。追风赶月莫停留，平芜尽处是春山。成长，是让我们离开故乡，愈行愈远，抵达看不清的远方。

 第二章 背井离乡的"蒲公英"

我是小小的蒲公英

安静地等待

洒脱地飞翔

只要一缕清风

我便能乘着梦

落于黄土

奋力成长

公园就是我的"家"

等风来不如追风去。1995年,蔡凤辉20岁,第一次出远门。

坐在行驶的列车上,看着眼前的景色由熟悉的农田变为陌生的高楼大厦,蔡凤辉既兴奋又局促。刚下火车,她就迫不及待地向表姨打听天安门在哪儿。当蔡凤辉置身于天安门广场川流不息的人群中,看着高高飘扬的五星红旗,还有神圣的毛主席像,她激动万分。

但蔡凤辉知道,自己此行并不是来游玩的,所以当天晚上,她就跟着表姨开始找起了工作。表姨在北京是做保姆的,因为在北京吃住特别贵,考虑到蔡凤辉的情况,表姨建议她也干这一行。可是蔡凤辉毕竟才20岁,应聘的好几户人家不是担心她年纪小不会干家务,就是害怕她没有经验不会照顾老人。尽管蔡凤辉一再保证这些活儿她在家都干过,一定能干好,但她仍旧没找到合适的雇主。几经波折,有人说手帕胡同有户人家想请人照顾家里的爷爷,问她想不想去。"去!去!"蔡凤辉二话没说,马上应了下来。

手帕胡同位于北京市崇文区(现属于东城区),是北京比较古老的一条胡同,因原有间手帕作坊而得名。蔡凤辉工作的77号院有七八户人家，她的主要工作就是照顾其中一户人家年迈的老人。蔡凤辉干起活儿来手脚麻利，而且有眼力见儿，不光雇主喜欢她，就连左邻右舍都常夸她。冬天，各家各户烧煤球取暖做饭，蔡凤辉不仅把雇主家的煤球摞得整整齐齐，还主动帮邻居的叔叔阿姨们搬和抬。下雪天，她从来都不会"自扫门前雪"，而是把整个大院都扫得干干净净的。

有一次在买菜的路上，蔡凤辉意外地遇见了老乡张雪琴，在陌生的城市，老乡见老乡那真是两眼泪汪汪。张雪琴告诉她，自己来北京是因为托表哥给介绍了一个在饭店当服务员的活儿，待遇还不错。她问蔡凤辉想不想一起去，俩人也好有个照应。

蔡凤辉犹豫了几天，最终选择告别生活了三个月的手帕胡同77号院，来到了前新饭店。

当时面试蔡凤辉的是前新饭店客房部经理田志学，在他的介绍下，蔡凤辉才知道前新饭店是个国营单位，南楼3层，北楼6层，饭店主要用于部队招待。员工基本工资是250元，奖金450元。一听饭店是国营单位，工资还这么高，蔡凤辉高兴坏了，这基本工资加上奖金，一个月700元——可以给小侄女买十几罐奶粉呢。但田经理接下来说的话就如一盆冷水，瞬间浇灭了蔡凤辉的满腔热情，"试用期7天，7天过后你还得参加考试，如果考试不合格是留不下的。还有，我们这儿的服务员基本都是从衡水毕业成批过来的，像你这种外招的，饭店是不提供吃住的，这个你得自己解决一下。"

不提供吃住，这可怎么办啊？蔡凤辉在心里默默算了一笔账：虽然干这个工作挣的钱多一些，但在北京租房子一个月就得几百块，就算自己每顿只吃一个馒头，一个月下来，基本上也剩不下啥了。"马老师说得对，在大城市没有学历确实吃亏。"但现在后悔也来不及了，她得赶紧有份工作挣钱，不能让老家的父母担心。

"怎么样，考虑好了吗？"田志学问蔡凤辉。"中！有工作就中！""在北京得说普通话。"田志学看着眼前朴实的蔡凤辉，提醒道。"好的，领导，我记住了。我一定努力工作，不给饭店丢脸！"

吃可以凑合，可这住的问题确实让蔡凤辉犯了难，在表姨工作的人家凑合了两晚，她实在是不想再给表姨添麻烦了，心想着要不自己就租间房子吧，就租那种最便宜的，哪怕啥也没有都行。可是转了一大天，北京的房子最简陋的也得三四百块。她干保姆挣的钱大部分都邮回了家，用剩下的钱根本付不起房租。

走在宽敞的马路上，蔡凤辉第一次觉得，北京这个城市真大呀，但这万家灯火中却没有属于自己的一盏；北京的机遇真多呀，它像一个考场，但别说考试了，她连书本都买不起。

可是谁说没有笔的孩子不能用树枝画画呢？

走着走着，蔡凤辉不知不觉就走进了宣武门旁边的一个小公园，这里晚上人不多，流浪汉正躺在公园的长椅上休息。"是呀，这天也不冷，住外头也冻不死人。在老家，我们不也总在院子里睡觉吗？"

天为被地为床，山川卷帘，星月同榻。就这样，蔡凤辉在公园的树底下一睡就是一个多月，冷了她就用树叶和捡来的废报纸盖一盖。偶尔运气好，她也能有张长椅直直身。

"我蔡凤辉虽然是个小女子，但也能像大丈夫一样四海为家，我就把公园当成家了！"

谢谢你，陌生的阿姨

刚来前新饭店的第一天，经理就找了一位老师给蔡凤辉和其他新员工做培训，什么素质培训、知识培训、技能培训，老师在上面讲，蔡凤辉在下面嘀咕："搞个卫生这么复杂吗？不就是扫扫地铺铺床擦擦灰嘛，这些还用教？"老师讲的时候，蔡凤辉不以为意，可到了实际操作阶段，她就傻眼了。这客房部服务员的活儿可真不像她所想的那么简单。每一名服务员每天上午8点到12点，需要收拾14个房间，平均下来，收拾一间房不到18分钟。可目前以蔡凤辉的速度，收拾一个标准间最快要25分钟，收拾一个套房要40分钟。因为担心完不成任务，第一天上岗的蔡凤辉非常紧张，对于老师讲的流程也忘得一干二净，收拾房间时手忙脚乱，不是床单没铺平整，就是被子朝向不对。给各个房间补充消耗品的时候，她更是丢三落四，要么忘了拖鞋，要么没放牙刷，就这样紧赶慢赶一上午才收拾出来5个房间。负责的班长一一检查后，提出了60多条整改意见。当时的蔡凤辉感觉到从未有过的挫败感，她甚至都想辞职不干了。可是穷人家的孩子哪有冲动的资本，她还想挣钱给父母买药、给小侄女买奶粉呢！

纵有疾风起，人生不言弃。

一向不服输的蔡凤辉和这14个房间"杠"上了，别人能完成的为什么自己不可以？下班后，同事们都陆续回家了，蔡凤辉还留在饭店默默练习到深夜，按照老师教的方法反反复复铺床、扫地、上消耗品……第二天一大早，蔡凤辉7点就到了饭店，迎面遇到刚来的经理，二人都吓了一跳。"8点才上班，你怎么来这么早？""我怕干不完，所以笨鸟先飞。"经理笑了笑，安慰蔡凤辉说："没事，别着急！你刚来，出现这种情况是正常的，等熟练了就不会忘流程了，质量和速度自然就都提上去了。""谢谢经理，那我去干活儿了。"蔡凤辉拿着工具，拎着水桶一路小跑，穿梭在一个又一个房间中。

功夫不负有心人。当埋头走了很长的路，再抬头时，你就能看见满天星光。

上岗的第三天，蔡凤辉真的在12点之前完成了打扫14个房间的任务，而且每一间房都收拾得近乎完美。经理没想到蔡凤辉适应得这么快，因为大部分新员工都得七天才能完成指标。他忍不住夸赞蔡凤辉："在这批新员工里，你做得最好，但也不能骄傲，还得继续保持，继续努力。咱们每个月的奖金是和打扫房间的数量挂钩的，你要是做得多，奖金就开得多。而且，你要是表现得好，在联合评比中得奖，还能评优秀员工，戴大红花。"听着经理鼓励的话，蔡凤辉点点头，她一定要好好干活儿，尽全力留在前新饭店。

山有顶峰，湖有彼岸。当你熬过苦涩后，一切都会回甘。

这头的工作有了起色，那头的住处也得到了解决。事情还要从几天前说起。因为没钱租房子，蔡凤辉一直住在公园里。有一次下班回来，她偶然捡到了一个钱包，打开一看，里面不仅有银行卡，还有一千多元现金。蔡凤辉头一回看到这么多钱，心想：失主肯定急疯了。于是她就拿着钱包蹲在原地等失主回来找。结果第二天晚上才有一个阿姨急匆匆地过来打听："小姑娘，你看见一个钱包了吗？"蔡凤辉赶紧从兜里拿出来给她，阿姨感激得不得了："你看我这个粗心劲儿，肯定是掏兜时不小心掉出来的，还好你捡到了。对了，我经常来这儿散步，看你怪面熟的，咱俩之前见过吗？"蔡凤辉摇摇头，一时之间她也想不起来。"你是不是在手帕胡同77号院干过保姆？""是啊，阿姨，你怎么知道？""哎呀，你还帮我家搬过煤球呢，你忘了？"蔡凤辉不好意思地挠挠头："忘了，我真忘了，那时候光顾着干活儿了，也没看脸。""你这孩子倒是实诚。你是搬到这附近住了？""没，我去前新饭店干服务员了，但是不管住，所以我就住这儿了。""这儿？公园？露天？""嗯，我暂时还租不起房子，所以就在这儿凑合凑合。""现在北京的房子确实不好租，可你一个小姑娘也不能住外头啊，不安全不说，这天马上就冷了，你还在这儿住，是容易冻坏的。""没事，阿姨，我都习惯了。""这样吧，你上我家住。我老公去世好多年了，我也没有孩子，一个人住也怪没意思的，你来，咱俩搭个伴儿。""不行不行！阿姨，我和您不沾亲不带故的，不能去您家住。""那……要不这样，你在我家住，没事儿时帮我洗洗衣服搞搞卫生做做饭，每个月给我100块钱就行，你看怎么样？""行行，太好了！谢谢阿姨！"

在阿姨家借住的这段日子里，因为房间不大，只能放下一张床，两人睡在一张床上。为了不影响阿姨睡觉，蔡凤辉就在床边放了一把凳子，把腿搭在凳子上睡觉。每天早上，为了节省一角钱的车费，她五点就起床，先给阿姨热好牛奶，蒸好馒头，自己再走四十多分钟的路到前新饭店。后来住得久了，就有人打听她和阿姨的关系，听说她是被阿姨从公园里"捡"回来的，邻居们都不太相信。因为在他们眼中，独居的阿姨怪得很，不愿意和别人说话，更从来没让陌生人进过她家。

因为阿姨的收留，那年冬天的蔡凤辉有了遮风挡雪的"家"，即便后来因为表现优异住进了饭店安排的宿舍，她也会每周抽出时间去看阿姨，还会像以往一样给阿姨买买菜、洗洗衣服、收拾收拾屋子，一直坚持到1998年回河南老家。而5年后，当她回到北京去看望阿姨时，阿姨已经离世了。

提起这段经历，蔡凤辉满是遗憾。她说，如果当时她知道阿姨生命即将走向尽头，无论如何都会在阿姨弥留之际送阿姨一程，也会再真诚地亲口对阿姨说一句："谢谢您，阿姨！"

巾帼不让须眉

二十出头的年纪,正是爱美的时候,周围的小姑娘一个个打扮得花枝招展,一年四季都穿工作服的蔡凤辉确实显得格格不入。每个月一到发工资的日子,同事们便开始兴高采烈地商量着要去哪儿逛街买新衣服,而蔡凤辉却是默默地把所有钱一分不少地邮回老家。别说添衣服,就连吃饭,她都舍不得吃好的。一到午饭时间,她怕别人笑话,就躲进茶水间,吃着馒头喝着水,一点儿一点儿往下咽。有一次,老乡张雪琴看见了,俩人相视一笑,从此她俩成了茶水间的"饭搭子"。

饭店客房部的生活消耗品需要定期进货,可是客房部都是女服务员,没有男的,经理动员了一圈,大家谁都不想干、也干不了这力气活儿,最后还是蔡凤辉和张雪琴主动站了出来,承担了进货任务。当时,送货的车负责统一把货运到广安门,然后饭店再派人、派车自己去接货。一箱洗发露至少五六十斤,一次最少进一百多箱,蔡凤辉和张雪琴一个负责卸货,一个负责往饭店的货车上摆,一趟下来她们至少需要搬运8000多斤的货品。后来,不知是长期营养不良还是吃了变质的食物,张雪琴病倒了,再次回到饭店,干起活儿来也没有之前那么利索了,接连出了不少纰漏，前新饭店就把她辞退了。老乡张雪琴的离开，让蔡凤辉的心里特别难受，她去找经理求情，经理却说："你还是先想想以后进货的事怎么办吧。"

是呀，没有了张雪琴的帮忙，蔡凤辉一个人去进货就更加困难了。一个人卸，一个人摆，每次去进货，蔡凤辉都大汗淋漓，身上都像散了架似的疼好几天。最要命的是，她们把一百多个纸箱摆好后，需要用绳子捆住，这样才能防止车辆颠簸造成货品损坏。以往都是蔡凤辉在这头扔绳子，张雪琴在那头接住，俩人配合得十分默契。可是张雪琴离开以后，蔡凤辉需要一个人把绳子用力地甩过去，有时候甩偏了，绳子卡住了，她还得爬到高高摞起的纸箱上，把绳子拽回来，趴在好几米高、摇摇欲坠的纸箱上，就算是男人看了都胆战心惊。

货物到了饭店，经理就组织所有服务员下来一起抬到库房，别的服务员都是两个人甚至三个人抬一箱，蔡凤辉一个人就能扛起一箱并一口气走到六楼。同事们有的说她傻，说她比男人还能干活儿，也有的说她爱表现，干这么多指定是想得到点儿啥。

蔡凤辉从不避讳，她确实是想得到一个机会——一个能留在前新饭店甚至住在这里的机会。为了这个目标，多苦、多难她都能坚持，都能克服。

努力之光终会照亮前行的路。

不到半年，4个小时收拾14个房间对于蔡凤辉而言已经是轻而易举的事了，她甚至能够在上午11点钟就完成所有任务。有同事请教她怎么能干得这么快。蔡凤辉说，自己收拾房间的时候什么都不想，一心都扑在活儿上。的确，蔡凤辉干活儿的时候，有时就连经理站在她身后，她都丝毫没有察觉。

当时前新饭店有个规矩，每个月15号饭店内部的客房部、接待处、供管部、商务部等几个部门都要进行联合评比。只要抽到客房部，经理总是让领导们检查蔡凤辉负责的楼层，因为她干得又快又好，客房部在每次评比中都是第一名。

1996年，蔡凤辉当上了客房部的班长，不仅挣的钱多了，就连吃住问题也解决了。她躺在分配的宿舍里，拥有了一张属于她一个人的床，再也不用为了节省路费走四十多分钟的路。这是她来北京后睡的第一个安稳觉。她做了一个梦。梦里，她再也不用因为担心雨天走路鞋会湿而脱鞋光脚走在大街上，更不用害怕雪天冻得双手双脚冰凉。她像一匹快乐的骏马，奔跑在绿草如茵的大草原上……

工作、学习两手抓

蔡凤辉在当上客房部班长之前，有一段时间被调到前台做接待工作。前台的工作内容不多，偏偏蔡凤辉是一个闲不住的人。所以她思来想去，觉得不如利用这段时间充实自己，并通过考试获得酒店管理的中级职称。当时，由于前新饭店有要求，大多数服务员都取得了初级职称，拥有中级职称的都是饭店的管理层。

做出考中级职称这个决定，蔡凤辉有两方面的考量：一是现在工作不忙，学习时间比较充裕；二是自己如果获得了中级职称，对以后的升职加薪也有帮助。说学就学，蔡凤辉立即找到一个培训学校报了名，拿到课程表一看，大多数的课都是在白天上。那时候前台接待人员实行"三班倒"制度，大多数人是不愿意值夜班的，蔡凤辉就和同事们商量着换班，她值夜班，这样既不耽误工作也不耽误学习，两全其美。

回到了久违的课堂，蔡凤辉感慨万千。想起刚来前新饭店的时候，自己因为没有好好听老师讲课而走了不少"弯路"，这回她可是认认真真、全神贯注地一边听讲一边做着笔记。酒店管理的中级职称考试分为两部分：一是理论，二是实操。其中理论部分大多考的是服务用语、礼节礼貌、服务流程等内容，这对蔡凤辉来说并不难，因为她在客房部工作的这段时间，这方面的常识早已入脑入心。大多数人比较担心的是实操，因为考试中有一项要求是收拾标准间的一张床不超过三分钟。以蔡凤辉的能力，正常发挥的话，她只需两分多钟就能完成，但是由于好久不考试了，内心难免紧张，结果她闹了个"大乌龙"。

考试当天按照既定程序，蔡凤辉准备完毕后，须向考官报告"已准备好"，考官才开始计时。但是，由于蔡凤辉太紧张了，又加上职业惯性，她脱口而出："首长好！"当时考官一愣，不知道该不该计时，蔡凤辉也发现自己说错话了，立马鞠躬道歉："考官好，考生蔡凤辉已准备好！"

被考生叫作首长，估计这个考官也会终生难忘吧！

当时，基本工资加上奖金，蔡凤辉每个月能开八九百块钱，在同批入职的服务员中数一数二。她把钱都邮回了家，还托人捎信儿告诉父母她在北京不仅挣到了钱，还通过学习、考试取得了酒店管理的中级职称。

单位给开工资还让学习，看到信的老两口难以置信。"啥单位能有这样好的待遇呀？这孩子一向是报喜不报忧，别是出了啥事故意瞒着咱们吧。"父亲不放心，和母亲赵书珍说，"秋收完了，家里也没啥大活儿了，要不你去北京看看孩子，那种大地方什么人都有，孩子可别学歪了。"母亲点点头，托人买了车票，一路打听着，来到了前新饭店。

"娘，你怎么来了？"蔡凤辉不敢相信自己的眼睛。"我和你爹不放心你，所以来看看。""有什么不放心的，你看，我这不好着嘛！""好好，我闺女出息了，也好看了，就是瘦了。"在家和蔡有信说好了——见到女儿不哭，可当真看到女儿时赵书珍还是没忍住。"娘，你哭啥？你累不累？我领你参观参观我工作的地方吧。"

年迈的母亲来一趟北京不容易，蔡凤辉本想着让她多待一段时间，看看天安门，爬爬长城，逛逛圆明园，可母亲担心影响她工作，非说惦记着家里着急回去。临走前，母亲嘱咐蔡凤辉一定要照顾好自己，老老实实做人，踏踏实实做事。见到管蔡凤辉的经理，她说："领导，我们孩子给您添麻烦了，她初中毕业就出来打工了，都是我们这个家拖累了她。要是她有做得不好的地方，您多说说她。如果她不听话，您就揍她，我们做父母的二话不说。我这次来,看到她在这儿干,有这么好的单位和领导,我和她爹就都放心了。""大娘,您别这么说,小蔡同志在我们这儿干得可好了。她特别懂事还能吃苦,是我们的重点培养对象。""好,好,我替这孩子谢谢你们!"

也许是母亲的真诚和朴实打动了经理,此后,无论是在生活还是工作上,她都十分照顾蔡凤辉。家里不穿的衣服,她都会拿给蔡凤辉;做了好吃的,她也会想着给蔡凤辉带一份。她还把自己看过的一些管理方面的书送给蔡凤辉,教蔡凤辉怎么和客人沟通,怎么安排各个楼层的任务。

引路靠贵人,走路靠自己。原地徘徊一千步,不如向前迈一步。蔡凤辉就是那个自身散发着光与热,又愿意追逐太阳的人。

饭店改革,何去何从

1997年,亚洲金融危机爆发,并以迅雷不及掩耳之势席卷了多个国家和地区。在此外部环境下,国内不少企业为了缓解经营压力,保证自身平稳运行,开始了改革。

为了给自身"减负",不少企业开始推行"减人增效"的策略。如何在保证甚至提高工作效率的前提下缩减人员?企业又该如何做好下岗职工的安置工作?这些同样成了前新饭店不得不面对的难题。当时,蔡凤辉所在的客房部在职员工有57人,根据饭店统一规划,客房部需要定额缩减至37人。

经理先找了几个主管和各个楼层的班长开会讨论。当时包括蔡凤辉在内,客房部一共有3个班长、3个副班长。一听说这个指标,大家都"炸了锅",客房部是前新饭店最累、干活儿最多的部门,减掉这些人,活儿怎么干?谁来干?几个主管和班长都打起了退堂鼓。后来开了几次会,做了几次工作,员工的情绪依然很抵触。这几个管理人员自己都无法接受,那手底下的员工思想工作怎么开展?无奈之下,经理下了"死命令":"三个班长一人交一份方案,谈一谈怎么减人,怎么开展工作。"

当时,另外两个班长都是北京人,还是正式工,而蔡凤辉不仅是外地的,还是临时工。但是蔡凤辉一点儿也不觉得低人一等,在她看来,减人这件事难在"人"上而非"活儿"上。方案要有思路,思路关系到出路,而找出路根本上要从观念着手。在方案中,蔡凤辉首先将准备保留的37人明确列出,本着"能者留"的原则,将人合理分配至既有岗位,并阐明了"留"与"去"的理由。其次,她把方案的重点放在了对离岗职工的安置上,提出了保障离岗职工权益、提供一部分基本生活费用、提供招聘信息等一系列创新的想法。

方案上交之后,领导班子一致认为蔡凤辉的方案比较符合现状,也恰好解决了饭店亟待解决的问题。领导委派她为客房部"减人增效"工作的负责人。工作任务虽然很艰巨,但面对领导的信任和器重,蔡凤辉信心满满。当时有人不相信蔡凤辉,觉得按她的方案调整,客房部会乱成一团。蔡凤辉给客房部所有员工

第二章 背井离乡的"蒲公英"

◉ 1995年，蔡凤辉在前新饭店被评为先进个人

开会，表明了她的决心，也希望留下的员工能够和她团结在一起、努力工作。所有重活儿、累活儿、苦活儿，她第一个干。

千帆一道带风轻，奋楫逐浪天地宽。面对困难，有人看到的是层层越不过的高山，有人却已经迈步准备翻越。机会属于有心人，亦属于奋斗者。

1995年，蔡凤辉来到前新饭店，4年时间匆匆而过。在这里，她完成了梦想——以一己之力改善了家里的生活；在这里，她实现了成长——成了一名正式工，并且每年都被评为"先进工作者"。正是这四年，蔡凤辉深深喜欢上了保洁工作，她与北京的故事展开了新的篇章。

婚后生活

1998年，父母来信问蔡凤辉在北京有没有比较合得来的人。蔡凤辉一下子就看出了言外之意，父母这是着急让她找对象了。在小潘庄，23岁的姑娘就算不生儿育女最起码也该谈婚论嫁了。眼看着自己事业也稳定了，她确实也该成个家让父母放心了。

对于未来的另一半，蔡凤辉没有多高的要求，只想找一个家中母亲健在的。尽管"过来人"都说婆媳是"天生的敌人"，可蔡凤辉偏偏不信，有婆婆多好啊——就像她母亲一样，任劳任怨照顾家，关键时候还能搭把手带带孩子。

这年8月,蔡凤辉带着对爱情的美好憧憬回到了小潘庄,在父母、亲戚、朋友的安排下相起了亲。可没承想亲朋好友接连介绍了好几个都没成,不是她没看上对方,就是对方觉得她不合适。也许是天意弄人,唯一让蔡凤辉比较中意的是孔国宇,可他母亲去世了,家里在村上是数一数二的穷。穷到什么程度呢?他只有两间草房,喂牛、做饭、睡觉都在里头。蔡凤辉和父母去的时候,家里连坐的地方都没有,他们只能坐在屋外的树桩上唠嗑。一听老孔家要说媳妇,这左邻右舍好像碰上了什么稀奇事,都来看热闹,他们是想看看到底什么样的姑娘看上了村里的穷小子。

在回家的路上,父亲蔡有信明确表示了自己的态度,这门亲事他们做父母的坚决不同意,"贫贱夫妻百事哀"啊。蔡凤辉觉得父亲说得有理,但不全对。人穷志不短,只要全家人肯干、实干,日子总会越来越好的。再说了,她找对象也从来没想要找个有钱的。如果男方有钱但没有过日子的心思,那夫妻也过不到一块儿去。母亲一听,女儿指定是相中这小子了,但做父母的,不能眼睁睁地看着女儿嫁过去遭罪呀。父母二人动员身边的亲戚还有蔡凤辉的同学都来帮忙劝她,可蔡凤辉就是油盐不进。穷怎么了?自己不也是穷人家的孩子吗?只要两个人劲儿往一处使,再苦再累她都不怕。

父母知道女儿的脾气,她认准的人和事九头牛都拉不回。果然没多久,两情相悦的蔡凤辉和孔国宇就结了婚,组建了一个小家庭。婚后,俩人商量着先不要孩子,趁着年轻一起在北京打拼几年,多挣点儿钱。可没想到计划不如变化快,突然有一天蔡凤辉在饭店工作的时候晕倒了，被送到医院一检查，才发现是怀孕了。孩子的突然"到访"是夫妻俩意料之外的，蔡凤辉想了想，和丈夫说，现在自己的事业正在上升期，更何况家里也没条件养这个孩子，要不就先不要了。丈夫孔国宇舍不得，他劝蔡凤辉，钱可以再挣，可是要是孩子没了，他们就得后悔一辈子。

蔡凤辉一想也是，毕竟自己也到了生育的年龄，父母、亲戚也一直都盼着他俩能有个孩子。思来想去，蔡凤辉找到饭店经理，提出了辞职的想法。"这事你可得想好了，走了可就回不来了。""想好了，经理，到时候我再找别的工作，特别感谢您和其他领导这几年对我的照顾和栽培。"虽然内心万般不舍，但为了孩子，蔡凤辉还是收拾行囊和丈夫一起回到了老家养胎。

1999年8月16日，一对小生命的到来让全家人兴奋不已。看着怀里活泼可爱的龙凤胎，蔡凤辉觉得自己付出的一切都值了。

在孩子百天宴上，大家都夸老孔家有福气，不仅娶了这么能干的媳妇，还有一对龙凤胎。看着全家其乐融融的画面，蔡凤辉心想：母亲年纪大了，自己也没有婆婆，以后这俩孩子只能我自己带大了，要想再出去打工可就难了。以前奋斗是为了父母，为了自己，以后奋斗那就是为了孩子，她一定要好好培养两个孩子，让他们走出农村，成为对社会、对国家有用的人。

女子本弱，为母则刚。

白天，家里人都去地里干活儿了，蔡凤辉一个人忙里忙外，既要照顾两个孩子，还得做饭、喂牛。孩子睡着了，她就托邻居帮忙照看一会儿，自己去学开四轮拖拉机，想着春耕秋收的时候

第二章 背井离乡的"蒲公英" 043

⊙ 女儿孔江丽（左）、儿子孔江鹏（右）百天照片

就不用再花钱雇人了。夜里，担心孩子哭闹影响家里人睡觉，她搂着俩孩子——一边一个，都不敢翻身。在农村，要想挣钱就得多种地，蔡凤辉和家里人商量多种地，除了自己家的自留地，他们又包了不少别人家的地，满打满算一共种了十二亩。当时公公的身体不好，丈夫孔国宇还在外打工，蔡凤辉经常是抱着孩子在地里忙活。种地的时候，蔡凤辉一手抱着一个孩子，一手握着拖拉机方向盘，背后还背着一个孩子。

夜深人静的时候，想想这几年的婚后生活，她也觉得委屈，如果当初听了父母的话，是不是现在就不用吃这么多苦了？蔡凤辉看着身边渐渐长大的两个孩子，一个念头在脑海中一闪而过：要不就带着孩子一起去北京。在北京的那些年，她感到虽然城市很大，但只要努力工作，就能得到回报，有时候一个人的奋斗很可能会改变三代人的命运。

蔡凤辉对北京恋恋不舍的情怀再次被点燃，只不过这次她不是孤身一人，而是有了软肋，但亦身披铠甲。

 第三章 凌晨四点的"牵牛花"

在阳光还未洒下前

有一株安静盛开的牵牛花

任凭风吹日晒雨打

一步一步丈量天安门广场

一分一秒等待微弱的晨光

重操旧业

莫道浮云终蔽日，总有云开雾散时。

2003年，一张小小的车票带着蔡凤辉从河南老家再次来到了北京。此刻，她正站在北京站前，20岁时跟着表姨初入首都的一幕幕仿佛还在眼前。8年时光倏忽而逝，带着两个孩子的她此次进京没有求助任何人，而是找到一家家政的公司，并经介绍来到了304医院[①]做保洁。

虽然工资不高，但蔡凤辉心里很满足，因为公司免费提供住宿，自己起码不会带着一双儿女风餐露宿了。

医院的保洁员大多是上了年纪的阿姨，才28岁的蔡凤辉在保洁队伍里确实有点儿特别。她刚来没几天，有个大姐就忍不住问蔡凤辉："小蔡，你说你年纪轻轻的，怎么干这种活儿呀？"蔡凤辉笑了笑，没说话。在她心里，干保洁从来都不是什么丢人的事，什么活儿都是人干的，只要付出努力就一定会有好结果。

304医院要进行翻新，为了不影响白天正常接诊，医院决定晚

[①] 2004年并入解放军总医院，更名为"解放军总医院第一附属医院"。下文仍称"304医院"。

上统一对地板进行打蜡、清洗，这自然就需要一部分保洁人员加班加点。加班人员名单公布后，有几个人去找经理哭诉，蔡凤辉也去了，不过她不是抱怨要加班，而是主动提出免费加班，她想学学怎么给地板打蜡，怎么操作洗地机。看着眼前主动请缨的蔡凤辉，经理反复问了好几遍："你确定要加班？你确定免费加班？""确定，"蔡凤辉回答得非常干脆，"我虽然也很需要钱养孩子，但是干工作嘛，也不能只盯着钱，赚不到钱赚知识，赚不到知识赚经验。"

登高望远，方知山长水清。多学一项技能，生活就会多开一扇窗；多学一样本领，人生就会多一种选择。

2006年，在同事们的支持和保洁公司经理的推荐下，蔡凤辉当上了主管。可没承想，她这新官刚刚上任就接到了无比艰巨的任务——"五一"期间负责天安门广场三分之一面积的保洁工作。小长假来北京的游客格外多，每次升旗前后，天安门广场上食品包装袋、报纸、鸡蛋皮……什么都有，垃圾多得常常需要蔡凤辉和同事们用大扫帚把垃圾一次次往前推，然后再蹲下来用小扫把一点点儿扫。披星戴月，蔡凤辉就这样连续奋战了七天七夜，她所在的公司被北京环卫集团评为"五一"期间环卫保障第一名。而这次经历，也为蔡凤辉与天安门的"结缘"埋下了一颗小小的种子。

2012年3月，正在工作岗位忙碌的蔡凤辉突然接到了一个陌生来电，打电话的不是别人，正是北京环卫集团下属的北清物业管理有限责任公司总经理孟宪强。他告诉蔡凤辉，北京环卫集团天安门项目部要重新整合，想邀请她来担任人工保洁班班长，负责天安门广场的人工保洁工作。蔡凤辉接电话的手颤抖了，当年短短七天的努力竟被领导们记了六年，这是她始料未及的。可在激动的同时，蔡凤辉也犯了难，在304医院工作的这几年，她早就把这儿当作自己的家了。

这天夜里，蔡凤辉失眠了，她脑海里不断闪现着在这里工作的点点滴滴。从"小白"到主管，从普普通通的保洁员到"先进工作者"，她已经习惯了与同事们的朝夕相处，与大家的共同奋战。可如今这么好的机会摆在面前，要是自己放弃了，那多可惜呀。"老话说得好，人到啥时候都不能忘本，现在的领导孔总对我这么好，经常关心我的生活情况，还让我考了驾驶证……"想到这些，蔡凤辉对自己说，机会错过就错过了吧。

第二天一大早，蔡凤辉就给孟总回了电话，她十分感谢孟总的邀请，可还是决定留在304医院好好干。蔡凤辉以为事情到此就结束了，没想到中午，孔总就把蔡凤辉叫去了办公室，用半命令半劝说的口吻说道："北京环卫集团是国企，别人要是有这机会都赶紧牢牢把握住，你说你是不是真的傻呀！人家孟总是个多好的领导，主动给你打电话，你还不去。我和你说，咱们公司和他们可有业务往来，要是因为这事闹得不愉快，对你我都不好。"蔡凤辉明白，孔总是为她好，也听出了他话里话外的为难。"这事我就帮你做主了，你要是到那儿不适应，咱们公司的大门永远为你敞开着。"就这样，4月，蔡凤辉告别了工作九年的地方，走进了北京环卫集团，正式成为一名天安门广场的"美容师"。

⊙ 2012年，蔡凤辉和北清物业公司总经理孟宪强合影

与天安门广场"结缘"

北京，是祖国的心脏，是祖国的政治文化中心。天安门广场是世界闻名的广场，这里见证了中国人民不屈不挠的革命精神和大无畏的英雄气概。每天，来自全国各地的游客齐聚于此，等待五星红旗升起的那一刻，满怀崇敬与喜悦之情流连忘返，因此，人员的大量聚集给保洁工作带来了严峻的挑战。

耕耘更知韶光贵，不用扬鞭自奋蹄。

天安门广场的保洁工作与其他地方不同，一切都是高标准严要求。整个广场尘土残存量每平方米不能超过5克，简单来说，就是游客在广场席地而坐后，站起来衣服依然要是干净的。来到天安门广场的第一天，面对几十万平方米的环卫保障面积，蔡凤辉暗暗地给自己拧紧了发条，她要把全部的时间和精力投入天安门广场的保洁工作。自此，晴天一身灰，雨天一身泥，从"五一"小长假到"十一"黄金周，从烈日炎炎的酷暑到寒风凛冽的严冬，蔡凤辉白天穿梭于数十万来来往往的游客中做日常保洁工作，夜晚又奋战于寂静庄严的广场冲刷工作中。

为了维护天安门广场庄严、整洁的形象，也为了让全世界的游客感受到一个舒适的游览环境，她不怕辛苦，克服困难，始终坚守在第一线。面对广场内的卫生死角，特别是垃圾桶，上面痰迹斑斑，蔡凤辉带领大家分工合作，成立清洗小组，先由区域保洁员粗略地擦一遍，使其表面无尘土，再由清洗小组对其细细擦拭，彻底清除桶内桶外污物。暑假旅游高峰期，广场内每天的客流量可达百余万人次。面对大量增加的垃圾，尤其是中午吃饭高峰期产生的饭盒、矿泉水瓶等废弃物，蔡凤辉和同事们采取"错峰吃饭"的方式吃饭午休，而她自己却常常是那个连饭也吃不上的人。她从自身做起，工作于每一个区域，行走在每一个路段，让垃圾在天安门广场的"停留"时间不超过十分钟。

有一次，一个大爷问广场上一个保洁员："这天安门广场让你们收拾得可真干净啊，哪个是你们管事的？"保洁员指了指人群中的蔡凤辉："就是她，我们班长。""呀，这领导不坐办公室，在这儿和你们一起收拾卫生呢，真难得！"在员工们眼中，蔡凤辉数年如一日，从不打扮，更没有什么领导架子和特殊待遇。她衣食住行都和大家一样，每天穿着工作服，一心扑在工作上，努力发着光，照亮着别人。

炎热的夏季，天安门广场的地面热得烫脚。为了保证保洁员的工作安全，蔡凤辉积极配合公司做好防暑降温工作，为每一位保洁员配备了草帽、腰包、水杯、防暑药品、绿豆汤、冰镇矿泉水等，整个暑期没有一名保洁员中暑，可她自己却变得又黑又瘦。当她用沙哑的声音对员工们说"辛苦了"时，有几个保洁员实在忍不住，背过身偷偷抹着眼泪。

生活纵有艰辛，但没有不破晓的夜晚。从苦日子里熬过来的

第三章 凌晨四点的"牵牛花"　053

⊙ 蔡凤辉利用晚上时间进行金水桥前专项地面清洗作业

⊙ 2013年7月暑期高峰,蔡凤辉对员工进行区域现场培训

蔡凤辉对员工们的困难总能感同身受。她经常找保洁员谈心，谁工作不开心了，谁和谁有矛盾了，谁家需要帮忙了……蔡凤辉总能第一时间知道。2014年9月30日，蔡凤辉班组里一个叫李广清的保洁员遇到了让他头疼的难题。他的爱人出了车祸，身边只有一个十几岁的孩子，但因为临近国庆，工作任务重，李师傅不能回家，只能通过电话安慰着妻子。后来因为这事，李师傅的爱人提出了离婚。蔡凤辉知道后第一时间去了廊坊李师傅的家，做起了李师傅爱人的思想工作。在蔡凤辉多次耐心开解下，夫妻二人最终重归于好。

"注意安全"是蔡凤辉每次给保洁员开会必讲的四个字。在她看来，员工们的安全和天安门广场的洁净同样重要，每一个员工都应该关注国家大事，解开思想上的"疙瘩"，校准政治上的"航标"，爱工作，更爱天安门。有人打趣道："蔡班长，你这些思想教育，我们听得耳朵都起茧子了。"蔡凤辉一脸严肃："毛毛细雨要经常下，这样你们才能入脑入心。"

道阻且长，行则将至；行而不辍，未来可期。蔡凤辉与天安门的"缘分"才刚刚开始，她在最平凡的岗位上用自己的热情和敬业感染着身边的每一个人，就如同她所坚信的座右铭一样：

有一分热，
发一分光，
哪怕只如萤火虫一般，

也可以在黑暗里发一点儿光。

不必等待烛火，

此后如果没有烛火，

我便是唯一的光。

女儿作文里的妈妈

在女儿孔江丽的记忆中，妈妈蔡凤辉很忙、一直忙，自从去了天安门广场工作后更是忙上加忙，有时候一连几天都不回家。无数个夜晚，她一个人躲在被子里偷偷地哭泣。幼小的她不理解，甚至还有些抱怨。可是后来，她在自己的作文里写道：

> 我的妈妈是一个尽心尽力、尽职尽责、善良聪明的好人。记得那时候，妈妈还在医院工作，当和保洁阿姨们开完会后，妈妈把一位阿姨留下来谈话。我有事去找妈妈，她让我在办公室外面等。我等了好久好久妈妈也没出来，直到我听见屋里传来了阿姨的笑声，才看见妈妈从办公室里走了出来。
>
> 为什么觉得妈妈聪明呢？因为我的妈妈也是一个"发明

家"。她会根据原有工具的特性,结合清洁工作经验发明创造出新的工具并投入使用。比如说天安门广场前的"清洁小车"就是妈妈设计改良的……

2012年五一劳动节前后,蔡凤辉带领的人工保洁团队要负责广场及周边垃圾的捡拾、果皮箱的清洁和垃圾清运等日常保洁工作。120人的团队分为早、中、夜三个班次轮流作业,24小时岗不缺人。从4月27日到5月8日,每个班次的员工每天至少要捡8个小时垃圾,人均步行几十公里。看到保洁员们脚上起的大大小小的水泡,走路一瘸一拐的样子,蔡凤辉心里很不是滋味。当时有保洁员走到人民大会堂一侧坐班车,有路人就开玩笑地说:"这天安门广场的保洁班怎么招了一群残疾人啊?"

付出了辛苦的劳动,却不被人们理解,这刺痛了蔡凤辉的内心。她白天想,晚上想,吃饭想,睡觉想,无时无刻不在琢磨着怎么才能改变步行保洁的传统模式。直到有一天,她在一家医院的门口找到了答案。

"五一"小长假后,蔡凤辉去广外医院看望一位病人,医院门口的一辆电动三轮车就如同当初砸在牛顿脑袋上的那个苹果一样,令她灵光乍现。如果把这种三轮车放到天安门广场当保洁车,那问题不就解决了吗?她顾不上面子,上去就拉住开电动三轮车的大姐,开始问这问那:"这个电动车在哪里买的?充一次电能骑多久?想要学的话难不难?"面对陌生人的一连好几问,大姐愣住了。蔡凤辉赶紧解释，说自己是天安门广场的保洁员，想向她请教请教电动三轮车的有关知识。那天，在人潮涌动的医院门口，蔡凤辉就像个小学生一般，不停地问着问题，不停地记着答案，临走时还不忘给"一见如故"的电动三轮车拍照。

新故相推，日生不滞。当天夜里，蔡凤辉就结合实际工作需求写下了电动保洁车的设计建议，好多术语她不会表达，她就用手机一个字一个字地查。第二天一大早她就守在领导办公室门口，把手里的设计建议递交上去并进行了详细汇报："首先要考虑到电动车的安全系数，可以把行车制动统一设计安装到右侧，因为保洁员都习惯于用右手扶把，左手用夹子捡拾垃圾；其次要顾及实际用途，可以在电动车后座上安装垃圾筐，增加垃圾装载量……"

半个月后，第一批10辆崭新的电动保洁车整齐划一地出现在天安门广场上。夕阳西下，落日的余晖洒在保洁车上，染红了保洁员们的笑脸。大家高兴坏了，先进的工具不仅能减轻劳动强度，提高劳动效率，更能让天安门广场的环卫工作更加现代化。

"你看人家天安门广场的环卫工多好，清扫效率真高！""小车挺先进，捡垃圾挺快。"每当听到这样的议论，蔡凤辉的心里就暖暖的。虽然只有初中文凭，但是靠着敢想、敢干、敢拼的劲头，蔡凤辉既获得了领导和同事们的信任，也为环卫工作解决了一个大难题。很快，这款便捷、高效、环保的电动保洁车就得到了推广，在北京的西城区、东城区投入使用。

第三章 凌晨四点的"牵牛花" | 059

⊙ 2012年，蔡凤辉驾驶第一辆改良的电动保洁车进行保洁工作

当蔡凤辉给女儿讲起这段故事的时候，她的脸上满是对保洁工作的骄傲，她用自己的经历告诉女儿：奋楫者先，创新者强。心中有海的人，拼下去，自然海阔天空。

口香糖污渍"大会战"

> 口香糖是难题，
> 一块一块趴地皮。
> 冬天硬了铲不动，
> 夏天黏糊像胶泥。

这是天安门广场保洁班在多年工作经验的基础上编的一首顺口溜儿。一直以来，顽固的口香糖污渍被认为是广场清理作业的一个顽疾。个别人随地乱吐的口香糖经过行人反复踩踏，黏附在路面上逐渐变硬并形成了黑色斑点，让原本干净美丽的天安门广场一时间变成了"麻子脸"。面对这一长久未解的难题，蔡凤辉迎难而上，开展了大量的组织动员工作，她鼓励大家出主意、想办法、多实践。

按照传统的作业方式，平均每清理一块口香糖污渍大约需要

第三章 凌晨四点的"牵牛花" | 061

⊙ 2012年,蔡凤辉清除天安门广场上的污渍

十分钟，一名保洁员需要持铲刀蹲地铲十多下甚至三十多下，劳动强度和难度都很大。蔡凤辉和保洁员们先后尝试了多种办法：用火烤、用铲子铲、使用清洁剂刷……要么起不到立竿见影的作用，要么对广场的石面有损伤。没有枪没有炮，我们自己造。通过不断摸索、实践，蔡凤辉还真掌握了"法宝"，她在口香糖污渍上洒上水，再将在集贸市场偶然见到的钢丝刷头安装在手枪钻上，然后进行清理，成功使口香糖污渍"去无踪"。她把这个方法推广开来，大家上下一心，利用铲刀和自制电动钢丝刷，通过小组集中清理、个人自包区域清理，打响了彻底清除口香糖污渍的"大会战"。

和羹之美，在于合异。在这场没有硝烟的"会战"中，蔡凤辉和同事们团结一心，制订了四个"十五计划"，立誓要在8月31日前全面清除天安门广场的口香糖污渍，为2012年国庆节献礼。在外人看来，这简直是痴人说梦，但蔡凤辉最后将这一"痴梦"变成了现实。火热的7月，阳光炙烤着大地，蔡凤辉带领组建的突击队顶着炎炎烈日开始了行动，许多人的脚蹲肿了，许多人晒黑了，甚至有人晕倒了，就是没有人言弃。两个月的时间，蔡凤辉的脸脱了一层又一层的皮，身上起了一片又一片的痱子，天安门广场终于被他们擦干净了。面对眼前清除的50多公斤的口香糖污渍，蔡凤辉和队员们终于松下了一直紧绷的弦，纷纷露出了笑脸。

那时候的蔡凤辉很少有时间照顾一双儿女,孔江丽和孔江鹏姐弟俩初中的时候就被送去河北上了寄宿制学校。

　　有一次,两个孩子太想念妈妈了,就在蔡凤辉37岁生日这天买了妈妈最爱吃的凉皮,亲手做了韭菜炒辣椒,想要给蔡凤辉一个惊喜。到了天安门广场,俩人故意在妈妈眼前晃,想让妈妈发现他们,却发现妈妈的眼睛只盯着地上的口香糖污渍。直到姐弟俩拍了拍蔡凤辉,她才发现两个孩子的到来,她的眼眶瞬间就红了。

　　这天,她吃韭菜炒辣椒的笑脸、她端起凉皮的粗糙的双手深深地印在了孔江丽和孔江鹏的脑海中。高考过后,孔江丽主动要求跟着妈妈在天安门广场做了40天的义务保洁员。后来在大学学生会干部竞选中,她自豪地说:"我的母亲是天安门广场的环卫工人,她平凡且敬业,我会以她为榜样,用自己的双手为同学们做好服务工作!"

亮丽的风景线

　　　时间:4:00
　　　地点:天安门广场

凌晨四点，当大多数人还在睡梦中时，蔡凤辉已经集合保洁员们开始布置新一天的工作了。他们第一项任务就是在升国旗前，保障国旗护卫队行进路面的整洁。天安门广场的保洁工作和其他地方不同，没有固定的上班时间，通常要求保洁员们在升旗前一个小时必须到达岗位，冬天四五点钟、夏天两三点钟保洁员就得开始打扫。

在尚未天亮的天安门广场，统一着装的保洁员们，间隔两米，相互协作，默契配合，步调一致地向广场各个方向进行清扫。普通的工作、安静的场面，却能给人强烈的震撼，这种以队列形式清扫地面的方法是蔡凤辉在2012年首先提出的。

在此之前，早班的保洁员们到岗之后，会自发地拿起笤帚和簸箕，三三两两散布于各自熟悉的广场区域做清洁，这种"一盘散沙"式的工作方式直接导致广场内有的区域被重复扫了多遍，而有的地方却被忽略，一遍都没扫，有时候国旗护卫队已经准备好了，保洁员们这头还在手忙脚乱地打扫。上任不久的蔡凤辉很快就发现了这种工作方式的质量和效率都不高的弊端，她决定要效仿仪仗队，对保洁员们采取集中作业的军事化管理。这事说起来容易，真正实践却困难重重。都说"新官上任三把火"，在几个老同志眼里，蔡凤辉这么做就是瞎折腾，无非是要显摆显摆她的能力。他们在天安门广场工作了十几年，已经习惯了原有的工

第三章 凌晨四点的"牵牛花" 065

⊙ 2015年9月1日,蔡凤辉和孔国宇送两个孩子到廊坊一中上学

作方式，咋她蔡凤辉一来，这么干就不行了？面对质疑，蔡凤辉没有动摇内心的想法，她采取"以多带少"的策略，用多数人的服从去感化少数人的坚持，要将保洁队伍整合得有序、有面儿，树立北京环卫工作者的优良形象。

滚石上山，爬坡过坎。很快大家就发现，这个蔡班长还真不赖，说一样就做一样，做一样就像一样，这种队列形式的清扫模式不仅能够保质保量，还提高了清扫的效率，让升旗仪式前的清扫工作有条不紊。

凌晨五点，天安门广场上人头攒动，熙熙攘攘的人群陆续从四面八方汇聚。破晓时分，东方微露鱼肚白，伴随着铿锵有力的脚步声，英姿焕发的仪仗队整齐走来。当嘹亮的国歌奏响时，五星红旗冉冉升起，高亢雄壮的调子久久回荡在天安门广场上……

蔡凤辉会定期组织保洁员们观看升旗仪式。起初大家觉得多此一举，但在认认真真感受升旗仪式后，同事们明白了蔡凤辉的良苦用心。"来到天安门广场工作，就意味着比别人多一份责任与担当。虽然我们只是一名普通的保洁员，但国旗护卫队走过的路、游客们脚下站立的地方都是我们一点儿一点儿清理的。干一行爱一行，每个人都要对自己的工作有崇高的信念。全世界就一个天安门，在这里我们代表的是全国的环卫工人，更代表着中国人，有什么理由不骄傲，有什么理由不好好干？"后来，每当有新的员工加入人工保洁队伍时，蔡凤辉总会这样对他们说。

第三章　凌晨四点的"牵牛花"　067

⊙ 蔡凤辉和同事们在升旗仪式前清扫完毕等待升旗

升旗仪式后，新一轮的清扫工作又开始了。此时游客们的流动让脚下的垃圾也跟着"动"了起来。如何能在第一时间控制住广场上的废弃物？蔡凤辉想到了一个妙招，她和同事们一字排开，站到值勤武警的后面，当仪式结束游客们散开时，他们就飞速上前，前排保洁员拉网式清扫，两三分钟就能将垃圾堆成堆，紧接着装袋、装车。后排保洁员紧跟其后，进行地毯式"补漏"，将遗漏的垃圾扫进铁背篓、垃圾袋。这样既"抓主要矛盾"又"查缺补漏"的工作方式使得天安门广场迅速恢复了整洁。

天安门广场人工保洁班颇具仪式感的清扫工作常常也会引来游客们驻足观看。在他们的眼中，升旗仪式后清扫广场的保洁队伍同样也是一道亮丽的风景线，更有人不停地拍照记录，为蔡凤辉和保洁员们欢呼、鼓掌。

每个人都是一束光，微弱却释放着自己的能量。蔡凤辉明白，自己的工作需要卖力气，但更需要找对方法，这样才能将120名保洁员的能量积攒交织，从而释放出万丈光芒。

第三章 凌晨四点的"牵牛花"

⊙ 2014年"五一"前,蔡凤辉带领保洁员们大扫除

天安门前无小事

今天是2012年7月21日，星期六，首先我们来关注一下强降雨的情况。预计从今天起，北京新一轮的强降雨过程将开启，今明两天北京将会迎来大到暴雨，局部地区会出现大暴雨，并且伴随短时强降水、雷暴、大风等强对流天气……

每天早上，蔡凤辉都习惯听一听天气预报，尤其是夏季，突如其来的雷暴天气不仅会给天安门广场的保洁工作带来不便，更会将周边的废弃物冲至下水口聚集，影响排水的通畅。这天下班后，有点儿担心的蔡凤辉没有立刻回家，而是一直留在办公室观察着雨势。晚上十点多，北京城下起了罕见的特大暴雨，蔡凤辉顾不上风雨交加，连忙一路小跑去广场巡查，结果发现东区北侧的地下通道入口积水严重，已经没过了小腿。这个地下通道是地铁一号线天安门东站入口，如果任由雨水持续上涨，那雨水势必会灌入地铁，后果不堪设想。

发现问题的蔡凤辉立即向领导汇报了情况，并在等待指示的过程中抓紧联系了住在附近的保洁员。不到一个小时,三十多名保洁员和蔡凤辉集合在了地下通道入口,他们兵分两路,一部分保洁员在地铁入口组成了一道"人墙",大家喊着号子用工具奋力推开涌向地铁口的雨水,另一部分人拿着水桶,接力把推出来的水运走……

暴雨下了整整一夜,蔡凤辉和保洁员们也足足奋战了六个小时。凌晨四点,他们总算顺利完成了积水清排任务,地铁设施的安全得到了保障。大家欢呼着,全然忘记了自己已经全身湿透。由于事发突然,大多数保洁员包括蔡凤辉都没有穿雨衣、雨靴,他们就这样"赤膊上阵",脚、腿、手等部位已被雨水浸泡得发白、发皱。

而此时,地铁一号线的地下通道内,乘客们还像往常一样等候上车、下车,没有人知道昨晚这里发生了什么。而蔡凤辉和同事们也在太阳升起之前,像往常一样换好了工作服,拿起笤帚和簸箕,忙碌于天安门广场的各个角落。

经常有人会问蔡凤辉:"这些事也不属于你们的工作范畴,你怎么还这么上心?是不是想得到点儿表扬?"蔡凤辉回答得十分真诚:"保护公共设施,人人有责,我可从来没想过干这些还能得到什么荣誉,能看见天安门就已经实现我从小的心愿和梦想了。"

在日复一日的平凡工作中,蔡凤辉和同事们面对各类突发事件,处理起来也越发得心应手。大风天,他们与塑料袋、报纸

"赛跑"，用手里的工具将废弃物牢牢"锁定"在垃圾桶中；大雪天，为了尽快除雪，他们顶着冰冷的风雪，一点儿一点儿清扫、运送积雪，手和脚冻得失去了知觉……保洁班中人人的身体都有点儿小毛病，最多的是风湿和关节炎，可是每次一遇到急难情况，大家又立刻变得生龙活虎起来。在团结奋斗的队伍中，保洁员们是队友，更是相互体贴照顾的"家人"。"你快歇歇吧，这活儿我来干。""这个太沉了，我来背。""快穿上我的衣服暖和暖和。"……

作为一名普通的保洁员，蔡凤辉和千千万万的保洁员一样朴素、平凡。可在重要的环卫保障任务面前，她和同事们又变身为无畏的"钢铁战士"，"冲锋陷阵"。天安门地区管理委员会在2013年4月授予人工保洁班一面代表荣誉、肯定成绩的锦旗，上面写着"讲政治、顾大局、业务精、保障好"十二个大字，它既是对天安门项目部人工保洁班的认可，又满含期许。星光不问赶路人，时光也定不会辜负奋斗者。

第三章　凌晨四点的"牵牛花"

⊙ 2015年"十一"，保洁班集体合影（第二排左七为蔡凤辉）

先有国后有家

未觉池塘春草梦，阶前梧叶已秋声。

在来到天安门项目部人工保洁班的七年多时间里，蔡凤辉参与的重大活动的环卫保障工作多达上百次，其中包括每年的全国两会、"五一"、"十一"和迎宾等。2015年是纪念中国人民抗日战争暨世界反法西斯战争胜利70周年，为了确保环卫保障任务圆满完成，北京环卫集团提前几个月就开始了筹备工作，并成立了环卫保障指挥部。此时，天安门广场正在进行红墙粉刷、地下通道改造、栏杆刷漆等准备工作，同时蔡凤辉和同事们也紧锣密鼓地对天安门广场的果皮箱进行换新，并使清理工作细致到每一块砖、每一条缝隙。

纪念大会当日，天安门广场将举行盛大阅兵活动。此次阅兵是新中国历史上第十五次大阅兵，也是中国进入21世纪以来第二次大阅兵，更是以纪念抗战胜利为主题的第一次大阅兵。为了体现反法西斯战争的国际性，我国还将首次邀请外军代表参加分列式。蔡凤辉深知，此次天安门广场环卫保障工作不仅仅是为了配合阅兵的顺利进行,更代表着大国的形象。可偏偏就在此时,她的腰椎间盘突出症发作了,左腿麻得连路都走不了。为了保质保量完成党和国家交给的任务,蔡凤辉不顾身体的病痛,每天都在岗位上指挥工作。有保洁员劝她回家休息,她摇摇头:"我们是首都环卫队伍的一员,也是环卫工作者的代表,在大阅兵这么重要的活动中,我们绝不能有任何瑕疵。"

当时,天安门广场的保洁员每个月是可以轮休八天的,但是蔡凤辉从没休息过。直到她因为连续工作了数个夜晚病倒被送进医院,她才不得不停下来歇一歇。在医生的建议下,蔡凤辉做了腰部的微创手术,医生反复叮嘱她最好卧床休息三个月,千万不能劳累。但是仅仅七天,蔡凤辉又出现在了天安门广场上,因为阅兵彩排已进入重要时段,她要身先士卒,带领保洁员们做好清洁保障工作。

2019年元旦,就在大家沉浸在新年伊始的快乐与期待中时,蔡凤辉接到了老家打来的电话。电话那头哥哥的声音有些哽咽:"小妹,你回来一趟吧,父亲恐怕熬不过今天了!"听到这个消息的蔡凤辉心急如焚,一边流泪一边挂断了电话,恨不得马上飞回父亲的身旁。她深夜急匆匆赶回家,却没能见上父亲最后一面。她跪在地上,握着父亲的手,看着一生没享过福的父亲,内心满是愧疚。哥哥告诉蔡凤辉,其实父亲的病早就严重了,但因为知道节假日是她最忙的时候,父亲才坚决不让家里人给她打电话，怕她担心，更怕影响她的工作。父亲说自己想到女儿每天在神圣的天安门广场工作，心里已经没有什么遗憾了。

父母在，人生尚有来处；父母去，人生只剩归途。

后来，每当提起这段往事，一向乐观开朗的蔡凤辉总是忍不住落泪。在她看来，人生最悲痛的事情就是在至亲离开这个世界的时候，自己没有陪在他身边，拉住他的手，跟他好好道别。可是自古忠孝难两全，虽然心中万分痛苦，但是在料理完父亲后事的第二天，蔡凤辉还是像每天早上一样，换上了工作服，拿起了工具，如同凌晨四点开放的牵牛花一样准时出现在天安门广场上。

> 草木会发芽，孩子会长大，
> 岁月的列车，不为谁停下。
> 命运的站台，悲欢离合都是刹那，
> 人像雪花一样，飞很高又融化。
> 世间的苦啊，爱要离散雨要下。
> 世间的甜啊，走多远都记得回家。
> ——引自歌曲《人世间》

蔡班长，别哭，你看太阳出来了，它会照亮希望，带走所有悲伤。

 第四章 党旗下的"向日葵"

从前我种过一株向日葵

它每天向着太阳长啊长

后来当我在党旗下宣誓

才知道这种向往叫信仰

我把党来比母亲

在庄严的党旗下,蔡凤辉激动地宣读着入党誓词。铿锵有力的声音背后是对党坚定的信仰和为党的事业奋斗终身的决心。左胸前的党徽仿佛和心脏同一频率跳动,令蔡凤辉不禁想起一幕幕往事。

从小,蔡凤辉就会唱"没有共产党就没有新中国",那时候她还不明白歌词所传达的深意。直至第一次踏上北京的土地,第一次来到天安门广场,第一次观看广场上鲜艳的五星红旗冉冉升起,她内心对祖国的热爱、对党的向往油然而生。

蔡凤辉在前新饭店工作的时候,常常要负责部队人员的接待,在她看来,虽然女兵们训练的时候不苟言笑,但私下里她们都十分平易近人。还记得那年饭店临时指派她去照顾一位住院的首长夫人,蔡凤辉内心忐忑不安,担心自己说错了话、做错了事,给饭店带来不好影响。可令她没想到的是,这位年迈的奶奶不仅和蔼可亲,还把蔡凤辉当作孙女一样看待。得知蔡凤辉来北京打工的原因,奶奶心疼地握着她的手,告诉她:"孩子,别怕,奶奶相信你,无论遇到多大的困难你都能克服。"蔡凤辉照顾了奶奶近半个月,康复出院的时候,奶奶偷偷给蔡凤辉塞了三百块钱,蔡凤辉发现后马上交给了经理。当经理要把钱还给奶奶时，奶奶故作生气地说："这孩子不容易，在这儿照顾我这么长时间，我把她当作了自己的孙女，所以这钱我是给我孙女的，和你们单位无关。"对于蔡凤辉而言，三百块钱确实能够解燃眉之急，但更令她感动的是奶奶所说的话。

2012年，蔡凤辉加入了北京环卫集团，负责天安门广场的人工保洁工作。从每年的全国两会、"五一"、"十一"到中华人民共和国成立70周年、中国共产党成立100周年……蔡凤辉见证了党和国家的许多荣耀时刻。她明白，自己只有立足于本职工作，更好地服务人民，发扬不怕苦、不怕累的精神，才能慢慢靠近党。

而这些年，党组织让蔡凤辉曾经不敢做的梦都一一实现。党组织信任她，任命她为班长，让她带领人工保洁班以别样的方式"守护"天安门广场；党组织鼓励她，从工作到生活，事无巨细；党组织支持她，当她有新想法、新思路时，组织是舵手，更是后盾……

曾经，蔡凤辉以为自己离成为一名正式的党员还有很远很远，但其实党一直都像母亲一样陪伴在她身边，潜移默化地引领她、激励她，让离家多年的游子收获了幸福感和获得感。她永远不会忘记这一天——2015年12月29日。在这一天，蔡凤辉正式加入了中国共产党。

我们生在红旗下，长在春风里。

第四章 党旗下的"向日葵" | 081

⊙ 2016年"十一"黄金周,蔡凤辉带领外部支援保洁人员熟悉天安门广场各个区域

> 目光所至皆为华夏，五星闪耀皆为信仰。
> 人民有信仰，国家有力量，民族有希望。

圆了大学梦

生活纵有坎坷，但也有不期而遇的温暖和生生不息的希望。

2017年6月30日，蔡凤辉接到了总经理韩晓鹏的电话。韩总告诉蔡凤辉，现在公司有一个去中国劳动关系学院脱产学习的名额，想让她报名试试。一听是去学习，而且还是中国劳动关系学院，蔡凤辉特别兴奋，因为在这里工作这几年，她渐渐意识到自己太缺乏理论知识的支撑了。"谢谢韩总，我想问问：具体是什么时间？有什么要求？会不会耽误工作？"蔡凤辉一连问了好几个问题。"现在是总工会报名阶段，你报完名还得参加评选，据我所知，一般是9月份开学。"虽然蔡凤辉十分想抓住这千载难逢的机会，但一听是9月，她有些犹豫，因为国庆期间天安门广场的保洁任务比以往繁重，她可不能在这个时候"掉链子"。"没事，先报上，到时候公司会负责协调。""真的吗？太好了，谢谢韩总，那我就放心了。"

2018年3月7日，在集团公司和各级领导的大力推荐下，蔡凤辉作为北京环卫集团的一名保洁员，走进了中国劳动关系学院的校门。在这里，她将完成为期四年的社会工作专业本科学历教育课程的脱产学习和实习。这对于蔡凤辉而言，不仅能够使她圆了埋藏内心多年的大学梦，更是她人生道路上一次巨大的升华与蜕变。

中国劳动关系学院是中华全国总工会直属的唯一一所普通本科院校，由中华全国总工会和教育部共建，多年来累计培养劳模本科班学员数百人，他们在各自的工作岗位上兢兢业业、锐意进取、勇于创新，不少学员成为所在单位工会的中坚力量。有的学员兼任省级、地市级和县区级工会副主席，为工会工作做出了突出贡献；有的学员被评为行业楷模、大国工匠，为推动地方和企业发展发挥了重要作用。

蔡凤辉所在的这期劳模本科班招收的主要是来自全国各地各行各业的劳动模范、先进工作者、五一劳动奖章等国家级和省级荣誉获得者，比如中国兵器杰出工匠郑贵有、东风商用车一线工人王建清、陕西杨凌职业农民王中来等，他们都是蔡凤辉的同学。虽然这些劳动者来自不同的地方、不同的行业，但在一起学习、交流的过程中，许多思想观念的碰撞让大家发现了彼此身上的闪光点，他们互相学习、共同进步。

当时，蔡凤辉的班里只有两名女同学，除了蔡凤辉，另外一个名叫杨普，比蔡凤辉小九岁，来自棉纺织行业。杨普发起言来有理有据，慷慨激昂。所以学校一有会议发言或者代表讲话，老师就会推选杨普。坐在观众席上的蔡凤辉羡慕不已，人家怎么就能把稿写得那么条理分明，把话说得那么振奋人心呢！杨普在台上讲的每一句都说到了蔡凤辉的心坎儿上。私下里，蔡凤辉忍不

⊙ 2018年3月，蔡凤辉在中国劳动关系学院校门口留影

住求教，杨普告诉蔡凤辉，这需要平时多观察、多看书、勤练笔。蔡凤辉明白，这些年自己确实吃了读书少的亏，脑子里没有墨水，笔下自然写不出好文章。加上自己平时只知道闷头干活儿，没有什么锻炼的机会，所以她在表达上也不够自信。人有所优，固有所劣；人有所工，固有所拙。从那以后，蔡凤辉买了不少关于如何与人沟通、提升自己的书籍，每天睡觉前都看上几页，日积月累，习惯成自然。

当然，同学们也从蔡凤辉身上学习到了不少优点，她为人乐观，特别吃苦耐劳，最重要的是为人朴实，特别低调。当时在自我介绍时，蔡凤辉说自己只是天安门广场人工保洁班的班长，但同学们去天安门广场实地交流学习才得知，蔡凤辉是北京环卫集团天安门广场项目部的经理。她从来没有被所谓的官衔和荣誉捆绑，哪怕当着同学们的面，她也大大方方俯身捡垃圾，从从容容清除口香糖污渍。

从陌生到熟悉，从抵触到融入，从心神不宁到从容淡定，在中国劳动关系学院的这四年，蔡凤辉学到了什么？她开玩笑地说，学到了太多太多，但总结起来就和"要把大象装冰箱分几步"一样。第一步，要在专业技能的基础上培养自身高尚的道德修养和永无止境的学习心态；第二步，要有强烈的责任心和使命感，时刻牢记党和国家的嘱托，以身作则，以全新的理念、知识不断充实自己；第三步，要虚心学习、借鉴他人的经验和优点，在现有工作的基础上，勇于、敢于、善于创新和突破，全力探索新思路、新理念、新方法。蔡凤辉有一个"鸿鹄之志"，她希望能够以更高的热情、更强的工作动力,把天安门广场的保洁班锻炼成一支"政治素质过硬、特别能吃苦、特别能奋斗、特别讲团结"的全国一流专业化保洁队伍,用天安门广场的"纤尘不染"带动北京这座城市的"一尘不染"。

一堂令人难忘的课

中国劳动关系学院为蔡凤辉所在的劳模本科班开设了人力资源、行政管理、企业文化、安全生产、劳动法、工会法、工运史、心理学等40多门课程。刚开始上课的时候,因为已经离开校园许久,加之平日里干活儿忙忙碌碌习惯了,突然一下子要安安静静坐板凳听课,蔡凤辉还有些不适应。有时候听着听着忍不住犯困,蔡凤辉就掐自己大腿,让自己清醒,过了一段时间,她终于把自己调整成为"学生模式"。

全方位的授课,多样的课堂模式,让在这里学习的蔡凤辉了解到了更多有关企业文化建设、安全生产运营、工人权利维护等方方面面的内容。而其中让蔡凤辉最受益的课程就是法律。工会法和劳动法一直都是蔡凤辉自认的"短板",现在职工的法律意识都比较强,自己作为管理人员,如果是个"法盲",那怎么行?当时教劳模本科班劳动法和工会法的是杨冬梅教授,她的课不仅深入浅出,而且互动性非常强,每到她的课,蔡凤辉总是坐在第一排。杨教授在讲到一些知识点时，也会结合大家的工作实际进行举例、提问。

有一次，蔡凤辉说起自己给保洁员制定了两项规则。第一项是开封的食品绝对不能吃，无论是捡的还是游客赠予的。因为保洁员一般家里条件都不太好，有的为了省钱，一块钱的馒头他们都不舍得买。有时因为凌晨两三点钟就需要到岗，他们也来不及吃饭。但无论如何，蔡凤辉都多次强调入口的食品一定要严把关、勿贪食。尤其是在天安门广场，每个人都需要有一定的政治警惕性。第二项就是关于捡拾的物品，保洁员如果在天安门广场捡到了游客遗落或是不要的物品，比如雨伞、帽子等，需要统一上交至办公室存放二十四小时，等待游客领取。但过了二十四小时，如无人领取，则默认该物品是游客不要的，那就归捡拾人所有。杨教授表扬了蔡凤辉制定的第一项规则，同时也指出第二项规则从某种意义上来说是违法的，甚至还会给员工乃至公司带来法律纠纷。她讲了一个例子，让蔡凤辉至今印象深刻。当时某物业公司有一个保洁员在马路边打扫卫生的时候，捡到了一条项链，但因为不知道是贵重物品，所以就随手扔进了草丛里。结果失主在调取监控寻找的过程中，发现这名保洁员是最后一个接触自己遗失物品的，这名保洁员有口难辩，最后没办法，只能由公司出面协商并给予赔偿。听到这里，蔡凤辉后背直冒冷汗，还好这项规则没实施多久，要不然不懂法的她就要闯大祸了。

相较于法律课上的严肃紧张，心理课的轻松愉快令蔡凤辉十分着迷。还记得第一次上心理学课时，老师让同学们每个人都给自己起一个"代号",在课堂上彼此之间就直呼"代号"而不叫本名。"代号"内容不限,吃的喝的、玩的用的都行。当时蔡凤辉给自己起了一个有趣的"代号"——"小菜一碟",一下子就引起了老师和同学们的关注。老师问她为什么要起这个"代号"。蔡凤辉解释道:"首先是因为我姓蔡,其次呢,青菜是每个人饭桌上必不可少的,希望大家看到盘子里的青菜就能想到我。"同学们都被她的幽默逗得哈哈大笑。

有了专业老师的指导,蔡凤辉学习了正规的课程,她处理工作的方式方法有了很大的改进。她不再一切都凭着想象和经验摸索,而是凡事都"有法可依、有法必依",制定的每一条员工守则也更加合理、规范。同时,她也通过心理课上对情绪、心理有关知识的学习,知道了怎样在管理上宽严相济,怎样调动员工们的工作热情,怎样更好地上传下达。保洁员闲暇的时候聚在一起聊天:"蔡经理自从上了学,可不得了了。有时候看到我一个眼神、一个肢体动作,她就知道我是咋想的。"

因为劳模本科班所招收的学员都已经走上工作岗位,且有一定的工作经验,所以在课程设置上,中国劳动关系学院不仅安排了理论讲授,还有社会实践。蔡凤辉和同学们经常会在学校领导和老师们的带领下,走出校门,走进世界知名公司、社区进行现场学习,实现了知识的共享、传递和交流。为了让社会上更多的人以劳模为榜样,弘扬劳模精神、劳动精神、工匠精神,传递榜样的力量,学院还鼓励同学们在听、学的同时讲和"演"。

蔡凤辉在四年的学习过程中,曾先后到北京八里庄社区、河北迁西瑞兆激光再制造技术股份有限公司等处进行过多次宣讲，获得了广泛好评。2018年，作为劳模本科班四位劳模辅导员之一，蔡凤辉与中国劳动关系学院涿州校区各个院系的大学生们分享了自己的成长故事、工作经历，并以自身为例，勉励当代大学生："以梦为马，展青年之英姿；扬鞭启程，让奋斗之美闪耀征途。"在中国劳动关系学院"劳模大讲堂"系列讲座上，蔡凤辉字字恳切，句句朴实无华，得到了学院领导的认可，大家一致认为应该把蔡凤辉的故事讲给更多人听，把平凡岗位上不平凡的精神传递给每一个人。

2019年4月，蔡凤辉参与了江苏卫视人文讲述类节目《美好时代》的录制。第一次上电视，蔡凤辉有些胆怯，但周围的老师、同学，还有公司的领导、同事都纷纷给她鼓劲儿。走进演播室的那一刻，蔡凤辉仿佛感受到了一直以来关注、支持她的领导、家人、朋友殷切的目光。"是这个时代给了我公平竞争的机会，给了我平等学习的机会，给了我努力变得更优秀的机会，特别感激我生活的这个时代。"节目最后，蔡凤辉不禁有感而发。

而在节目播出当天，开场的一段话更让无数人为之动容：

说起天安门广场，我想在座的很多人都去过，那里有高大雄伟的人民英雄纪念碑，有迎风飘扬的五星红旗，有庄严肃穆的天安门城楼，我们对天安门广场熟悉又亲切。可我们不知道的是，在这份庄严整洁的背后，是无数为它默默付出着的人。今晚节目中的主人公、保洁班班长蔡凤辉就是其中之一，蔡凤辉的职业还有另外一个名字——天安门前的"美容师"。这些"美容师"们曾经弯着腰在天安门广场上清理出了五六十公斤的口香糖；这些"美容师"们要保证熙熙攘攘的广场上每平方米的灰尘残存量不超过5克；这些"美容师"们更是连续奋斗190个小时，只为了国旗护卫队走过的地面不染一尘、庄严的天安门广场保持整洁。像蔡凤辉一样，在天安门广场上挥洒汗水的人还有很多，因为有了他们勤劳与汗水交织着的奉献，才有了天安门广场如今让人赞叹的肃穆庄严、干净整洁。在这样一个生机盎然的春天里，让我们轻声地对蔡凤辉，还有千千万万个伟大的劳动者说一句：谢谢你们的辛苦付出！

蔡凤辉奋斗实干的成长故事感染着周围的人，她用自己的经历激励着更多的人实干圆梦、实干出彩。"蔡班长，你在节目里说得真好。""说出了我们的心声。"不仅保洁员个个看了节目，就连老家的哥哥姐姐也在第一时间打来了电话："父亲要是知道你现在获得了这么多荣誉，也一定会为你开心的。"

一封珍贵的回信

2018年五一劳动节前夕,蔡凤辉和劳模本科班的同学们干了一件让人意想不到的大事——给习近平总书记写信。信的内容主要是学习习近平新时代中国特色社会主义思想和学习十九大精神的心得体会。在信里,大家还表达了"当好主人翁、建功新时代"的愿望和决心。

同学们写这封信的初衷很简单,就是想感谢党和国家一直以来对自己的培养,感谢党和国家给予的这次宝贵的学习机会。但万万没想到,他们竟然等来了回音。习近平总书记不仅认真看了这封信,而且还在4月30日给劳模本科班的学员们回了信。

面对这封珍贵的回信,同学们你读一遍,我读一遍,谁都不敢相信习近平总书记真的给他们回信了。总书记日理万机,却在百忙之中心系劳动者,这是劳动者的无上光荣。"劳动最光荣、劳动最崇高、劳动最伟大、劳动最美丽。"蔡凤辉捧着信,反反复复地读着这句话,这封信好似一封等待已久的家书,令蔡凤辉感慨良多。从一名普通的农村姑娘成长为天安门广场的环卫工人,又从一名不起眼的环卫工人成长为劳动模范,现在的她,每天开着科技感十足的新能源保洁车,有一群志同道合的同事,还在集团领导的关照下申请到了公租房，从此，漂泊的小船有了温暖的港湾。而这次，她又幸运地回到校园，成为劳模班的一员，更像是一场梦。

蔡凤辉迫切地想把这一刻的喜悦、幸福和她工作岗位上的兄弟姐妹们分享。于是劳动节当晚，她就回到了天安门项目部，把这封信的内容和事情的来龙去脉原原本本地讲给了保洁员们。劳动是伟大的，劳动者是美丽的，"劳动最光荣"的思想在任何时代都不会过时。大家围坐在一起，畅谈着对劳动的理解、对工作的热爱。职业没有高低之分，同样，劳动也不分贵贱，天安门广场的整洁离不开每一个人，一座城市的美丽更离不开环卫工人。

后来，这封信成了一种精神，一种能够时时刻刻激励、鼓舞蔡凤辉的力量。每当遇到工作上的难题时，想起习近平总书记的谆谆教诲，她总能"撸起袖子加油干"，干一行、爱一行、钻一行、精一行；每当面临人生新的挑战时，想起党和国家对自己的教诲，她总能发挥干劲儿、钻劲儿、闯劲儿，带动身边更多的人，为天安门广场、为北京、为祖国的整洁贡献自己的力量。

第四章　党旗下的"向日葵"

⊙ 2018年4月30日，中央电视台采访蔡凤辉，她讲述了学习"习近平总书记给中国劳动关系学院劳模本科班学员的回信"的感想

我心向党

在中国劳动关系学院学习的这四年，蔡凤辉从一名普通学员成长为具有模范带头作用的中坚力量，这一切离不开中国劳动关系学院各种形式的党性教育。"中国梦·劳动美"心连心艺术团慰问演出、全国五一劳动奖章表彰大会、大国工匠年度人物颁奖典礼……每一次重大活动都有蔡凤辉和同学们的身影。

同时，学院还定期组织劳模本科班的同学们参观周恩来邓颖超纪念馆、平津战役纪念馆、天津一二·九抗日救亡运动纪念馆、中共青岛地方支部旧址纪念馆、长辛店二七纪念馆、北京时传祥纪念馆、中国人民抗日战争纪念馆、西柏坡纪念馆和白洋淀雁翎队纪念馆、大庆铁人王进喜纪念馆等纪念机构。在家国情怀的熏陶中，以蔡凤辉为代表的劳模们更深刻地感受到了历史的厚重和党的伟大，他们的心在行走于祖国大地的足迹中越靠越近，他们拧成了一股绳，不忘初心、披荆斩棘、勇往直前。

虽然蔡凤辉在北京工作，但时传祥纪念馆她还是第一次来。听着前辈的事迹，看着相关照片，蔡凤辉突然感受到，时传祥"宁愿一人脏，换来万家净"的精神是多么朴素而又可贵啊，人的一生哪来那么多惊天动地的事迹，只要用心、尽全力完成本职工作，努力拼搏，艰苦奋斗，那就是好样的！

2019年，中国劳动关系学院通过组织一系列的"快闪"活动，实现了党性教育与新时代发展的同频共振。蔡凤辉作为其中一员，接连参与了中华全国总工会和中国核工业集团共同举办的纪念五四运动100周年青年"快闪"活动，以及庆祝中华人民共和国成立70周年、习近平总书记给劳模本科班回信1周年、中国劳动关系学院建校70周年等"快闪"活动。这也是蔡凤辉第一次感受到网络的奇妙与伟大。看着网友们的评论，蔡凤辉暗下决心：要多学新知识，多尝试新领域，既要做一名踏实肯干、永不言弃的环卫工人，又要与时俱进、不断创新，做一名坐着可以写、站着可以讲、走着可以干的全方位劳动者。

2022年6月，蔡凤辉从中国劳动关系学院顺利毕业。拿到毕业证书的那一刻，她知道自己与这所学校的缘分就要告一段落了。她行走在熟悉的校园，再看一看春风化雨的老师，再抱一抱同窗四年的同学，再尝一尝食堂的饭菜。2018年，她曾和初中同学相约重走"青春路"，如今走出这扇大门，不知何时能再与劳模本科班的老师、同学追忆过去，聊聊从前……

党在心中，路在脚下，梦在远方。

◉ 2019年，蔡凤辉参加庆祝"五一"国际劳动节暨全国五一劳动奖章和全国工人先锋号表彰大会留影

第五章 风雨后的"铿锵玫瑰"

如同一朵玫瑰

每根刺隐忍着苦痛

每瓣花绽放着梦想

至此铿锵赠自己

纵马携花向远方

迎接中华人民共和国70岁生日

盛世华诞，举国同庆。

2019年，是中华人民共和国成立70周年，各行各业都在以不同的方式庆祝这一伟大的日子。北京环卫集团作为此次庆祝活动的环卫保障主力部门，一年前就开始进行紧锣密鼓的准备。由于此次环卫保障工作面临着点多、面广、战线长、协调环节多、临时变化大、应急任务多、服务标准高、安保责任重等各方面的挑战，蔡凤辉既感受到了重担在肩，但也从容不迫，负重向前。她按照活动安排准备实行"三步走"计划，根据时间划分出活动前、中、后不同的工作重点。

首先，在准备前期，蔡凤辉主要从思想动态和工作方式两方面着手，多次组织人工保洁班召开座谈会。"今年是中华人民共和国成立70周年，咱们天安门广场保洁班所承担的任务量是非常大的，说不辛苦那是假的，但我希望咱们每一名同志都能像给自己母亲庆祝生日一样，用心、精心、全心完成每一项工作。"在蔡凤辉心里，此次庆祝活动，天安门广场的环境是否整洁有序，不仅要接受全国各地代表的检验，还要迎接许多外国友人审视的目光，天安门广场保洁班万万不能丢了中国人的脸面。他们要让全世界都看到，中国人勤劳、朴实、细致的品质是渗透在方方面面的。哪怕一个角落、一条地缝都不能放过，这就是首都标准，这就是中国标准！为此，蔡凤辉带领骨干队员日夜研究，确定了区域责任制与网格化管理相结合的作业方式，以及拉网清扫与巡回清扫相结合的清洁作业方式。天安门广场、国家博物馆、人民大会堂、东一观礼台、西一观礼台……蔡凤辉将偌大的清扫面积划分为26个点位，又根据不同点位的面积大小、任务量轻重安排不同数量的保洁员，让570名环卫工人有"点"可循，既大大降低了保洁员的清扫难度，又敦促大家各负其责、各司其职。

　　眼看着到了7月末，新中国成立70周年庆祝活动也进入中期筹备阶段。蔡凤辉现在一门心思要做好全体环卫保障人员的清扫保洁培训工作。一听是培训，可能有人觉得蔡凤辉这次的工作可算是轻松些了。可是天安门广场特殊的地理位置哪容得蔡凤辉放松呢？七年多来，天安门广场的每一个区域、每一个角落都深深地印在了蔡凤辉的脑海中。她带领参与新中国成立70周年庆祝活动环卫保障工作的1700多人进行天安门广场实地实操培训。而在这次培训中，蔡凤辉也创造了一个纪录：日培训人员83人，日工作时长22小时。炎热的天气让她口干舌燥，日均3万的步数让她的脚底如同针扎一样疼。蔡凤辉是人，不是神，她何尝不知道辛苦，不知道疼痛？可是一想到集团的领导、身边的同事，每一个人都义无反顾、勠力同心，她又怎能不打起十二分的精神呢？

　　中华人民共和国成立70周年庆祝活动将举行庆祝大会、阅兵式、群众游行、首都国庆联欢以及向人民英雄敬献花篮仪式等一系列活动，而这些活动都需要蔡凤辉带领的保洁班做好相关环卫保障工作。在活动开始前的三次演练中，蔡凤辉和同事们仔细清理每一处地面，认真擦拭每一张座椅，及时清理每一个垃圾。"演练不是走过场，演练是发现问题、总结问题进而解决问题。"蔡凤辉对每一个保洁员都这样说。

而在演练过程中，蔡凤辉也确实发现了问题，因为每一项庆祝活动都需要不同的筹备方式，而每项活动之间的衔接时间又不是很充裕，如何能够让大家做到争分夺秒，不漏过细节？蔡凤辉想到了一个办法，她把工作细化到每日每时每分，列出表格，让大家一目了然。

日期	时间	主要工作内容	注意事项
9月29日	8:00	拉网清理，重点清理观礼台搭建、护栏撤除以及其他施工期间产生的垃圾	
9月29日	20:00	调派垃圾清运车辆，进入天安门内清理垃圾	
9月30日		北京天安门广场人民英雄纪念碑前举行向人民英雄敬献花篮仪式，缅怀英雄烈士	
9月30日	23:00	清理铺设完毕的红毯	
10月1日	2:00	清理金水桥等五个桥区的红毯	

续表

日期	时间	主要工作内容	注意事项
10月1日	6:30	完成覆盖公摊塑料布清理及红毯清理	按照清+扫+吸+粘+擦的组合方式
10月1日		北京天安门广场举行庆祝中华人民共和国成立70周年大会,庆祝大会以后,举行阅兵式和群众游行	
10月1日	12:41	两辆洗地车进入放鸽区域,清理地面鸽粪和鸽毛等杂物	21分钟内务必完成
10月1日	13:00	安排压缩车一辆进入天安门内,收集院内、东西观礼台纸箱	
10月1日		晚间于北京天安门广场举行首都国庆联欢活动、文艺演出和烟火表演	

针对不同人群不同的就餐时间段,蔡凤辉安排员工主动跟进,与媒体、志愿者、表演方阵积极对接,采取主动收集的方式,巡回收集用餐时段产生的垃圾。而针对饮水点的水瓶、塑料杯等垃圾体积大的特点,蔡凤辉让员工预先放置容量为1100升的垃圾箱,以便饮水点志愿者开展垃圾收集工作。在"以集合时间、就餐时间、撤场后恢复时间为重点,区域保障+整体协同相结合"的作业方式指导下,蔡凤辉和保洁员在庆祝活动后根据现场交通、施工等情况,迅速采取了拉网清理的方式,对广场内观礼

第五章　风雨后的"铿锵玫瑰" 103

⊙ 2019年9月30日，蔡凤辉为敬献花篮仪式做现场环卫保障工作

⊙ 2019年"十一"黄金周期间,蔡凤辉参与垃圾清倒工作

第五章 风雨后的"铿锵玫瑰" 105

⊙ 2019年10月1日,蔡凤辉参与庆祝中华人民共和国成立70周年活动现场环卫保障工作

台、东西观礼台及东西临时观礼台、东西红墙、国家博物馆及人民大会堂周边区域进行了全方位的清理；在联欢活动结束后，蔡凤辉又和保洁员们以观礼台区域、烟花燃放区域为重点，采取人工拉网清扫与机械作业相配合的方式，对整个区域进行清理。

10月2日凌晨5点30分，环境服务中心管理人员、调度人员和环卫工人已经在岗位上坚守了几十个小时。望着眼前整洁如初的天安门广场，蔡凤辉激动地向保洁员宣布："大家辛苦了，区域清理到此结束，天安门广场环卫保障工作转入'十一'黄金周保障模式。"

付出与收获永远是成正比的。这一年，因蔡凤辉在庆祝中华人民共和国成立70周年活动环卫保障工作中的突出业绩，她被北京环卫集团评为"先进个人"。

一头是观礼，一头是保障

2019年10月1日，北京天安门广场隆重举行庆祝中华人民共和国成立70周年大会。考虑到环卫工人们在此次环卫保障工作中的贡献，上级单位特别留了一个名额给北京环卫集团，他们可以自主安排一名员工到观礼台去观礼，近距离聆听习近平总书记讲话。

当时蔡凤辉在活动准备前期伤了腿，做完手术后还未完全恢复,尽管领导每次见面都提醒她:"悠着点儿干,能动嘴尽量别动腿。"但一向事事亲力亲为的蔡凤辉怎么可能闲下来?她总是一瘸一拐地出现在天安门广场的各个角落。当得知有这个机会时,领导们经研究决定推荐蔡凤辉去:"蔡凤辉同志不容易,这么多年在我们北京环卫集团,一直不求回报,默默地干工作,这样的好员工值得接受这份嘉奖。把这个名额给蔡凤辉,也是提倡大家都向她学习。"尽管领导们内心知道,庆祝活动当天如果蔡凤辉在,现场的环卫保障工作他们可以放一百个心,但看着蔡凤辉拖着病腿仍旧坚持,领导们也心疼:"趁这个机会,让她歇一歇,哪怕十分钟也行。"

领导们商量好了,可没想到蔡凤辉却不同意领导安排她去现场观礼。在北京环卫集团工作了近八年,对于集团领导的指示和工作安排,蔡凤辉向来是"坚决服从命令,一切听从指挥",唯独这一次她提出了反对意见。说不同意,其实是不想;说不想,其实是不能。她觉得,小我可以牺牲,小欲也可以克制,为了保障,别说不去现场观礼,就是自己的这条腿不要了都行。

支撑蔡凤辉一直坚持到最后的,除了对祖国的感恩、对集团的感谢、对工作的热爱,还有非常重要的一点就是情谊。这份情感的力量来源于同事,也来源于素不相识的陌生人。

人工保洁班贾晓东经理,和蔡凤辉一样,每天早早到广场,很晚才离开;人工保洁班于主管,喊得嗓子都哑了,顾不上喝一口水,清扫完观礼台又马上带队去支援清扫天安门广场;蔡凤辉的同事老何,腰椎间盘突出症发作,腰疼得直不起来,就那样弯

⊙ 2019年,蔡凤辉在庆祝中华人民共和国成立70周年活动现场大扫除

着腰从清晨忙碌到夜晚……这些画面，蔡凤辉看在眼里，记在心里。在这样一支团结、拼搏、无畏的队伍里，蔡凤辉怎舍得一人前行，而让同事们"留守"后方呢？

"还记得那是9月22日，"蔡凤辉回忆道，"庆祝新中国成立70周年联欢活动第三次彩排，也是最后一次彩排。"晚上十点多，表演方阵陆续聚集在长安街上。当时为了避免用餐产生的垃圾量过大，蔡凤辉主动和负责表演方阵的老师们沟通，实行"一对多"的工作模式，把清洁服务送到大家身边。蔡凤辉自己负责对接4个方阵，每个方阵3000多人，总计12000余人。当大家用餐结束后，蔡凤辉就拿着垃圾袋，进入对应的方阵收集垃圾："这个是需要扔的吗？""这个垃圾给我就行。"天安门广场上，每隔几个表演方阵就有一个低着头、俯下腰，与表演者衣着不同的人，他们没有美丽的衣裳，干的活却能让环境变美丽。

方阵中的队员们看到蔡凤辉，都觉得这个环卫工人十分亲切，说起话来面带笑容，收拾起垃圾来更是手脚麻利。但他们不知道的是，此时的蔡凤辉已经40个小时没有合眼了，这两天她忍受着腿部的疼痛在天安门广场走了7万多步，感觉马上就要到身体的极限了。"谢谢姐！"人群中不知谁高喊了一声，紧接着"辛苦了！""谢谢！"一声声此起彼伏地响起，因为表演方阵人很多，蔡凤辉一时分不清是谁在说着感谢，但这些话语犹如夏日之凉风、冬日之暖阳，给了她坚持的动力。

10月1日当天，蔡凤辉没有出现在观礼台上，而是和同事们站在一起随时准备着"战斗"。升旗仪式蔡凤辉以前看了许多遍，但这天，在国歌奏响的那一刻，当五星红旗冉冉升起时，蔡凤辉忍不住泪流满面。这眼泪，不是疲惫与辛劳的眼泪，而是责任与担当的眼泪，泪水中有作为一名环卫工人的付出，有身为一个中国人的骄傲！

生逢其时，躬逢其盛，与有荣焉，幸甚至哉！唯有奋斗，才是对祖国最深情、最有力的告白。"我爱你，中国！"蔡凤辉在心里默念了一遍又一遍。

献礼建党100周年

"精益求精，万无一失"，这是蔡凤辉和同事们一直以来坚持的环卫作业标准。2021年，北京环卫集团再次彰显国企担当，担负起中国共产党成立100周年庆祝活动的环卫保障工作。蔡凤辉作为人工保洁班的主力，又开始了夜以继日的周密部署、废寝忘食的积极备战，而她做这一切都是为了能够在活动当天实现天安门广场地区环境卫生作业质量的"零瑕疵""尽善尽美"。

从小小红船到巍巍巨轮，从"春天的故事"到新时代的华章，这是党的第一个百岁生日，同时也是共产党员蔡凤辉在党的指引下不断砥砺前行的第六年。她把整个活动当作是党对自己工作的检验，而要交上这份满意的答卷，除了做好本职工作，她还想让党看到这些年来，在她的带领下，北京环卫集团天安门广场保洁班的每一名员工都在和党一起成长。

献礼中国共产党成立100周年，蔡凤辉精心准备了三个关键词，等待接受党的检阅。

第一个关键词：本职。

中华人民共和国成立70周年庆祝活动后，蔡凤辉和同事们延续了区域责任制与网格化管理相结合的管理方式，并在此基础上进一步细化、优化，将天安门广场划分为4个大区37个网格，每个网格定编定岗，明确各区作业人员、作业范围、作业标准。如今一走进天安门广场，就可以看到广场上的环卫工人穿着新款的工作服，虽穿梭于游客中间，却秩序井然，他们有的手拿笤帚、簸箕徒步作业，有的骑着电动保洁车巡回作业。"除了专项作业、应急作业，这其实就是我们天安门广场保洁班的日常作业。"蔡凤辉从来不担心专项、应急作业。做好这日复一日单调、重复的日常作业才是她最看重的。为此，她根据自己的工作经验摸索总结出了一套"组合拳"，并为了加深保洁员的记忆，自编了一首顺口溜儿：

一扫二钩三保护，四磨五消六上报，两个擦拭效果好。

别看只有21个字，其中的"玄机"可大着呢！里面不仅包含了天安门广场环卫保障作业的独家秘诀——八字工作法，还有保洁员的秘密"武器"——工作"小八件"。经常有游客打听："这天安门广场的保洁员都有些什么工具呀？"被问了好几次后，蔡凤辉向游客们介绍道："肩背手持的是笤帚、簸箕，腰包里装的是口香糖刷子、钩子、干湿抹布、手套、百洁布、喷壶，满打满算整好八件。此外，我们肩上还别着对讲机，用来及时沟通。""打扫卫生需要八样东西？都能用上吗？"有人质疑。"当然，我们探索出了'捡、扫、擦、清、洗、除、刷、消'八字工作法，这些工具都是有针对性配置的，既实用、便携，又能用来准确、高效地做好天安门广场的垃圾、污渍清理工作。"蔡凤辉边说，边拿起其中一件工具给游客们做演示。

作为一名共产党员，不仅要扎扎实实地做好本职工作，还要时刻保持创新理念。蔡凤辉为献礼中国共产党成立100周年准备的第二个关键词：创新。

当时，为了解决天安门广场的卫生"顽疾"——口香糖污渍，蔡凤辉和同事们可是费了不少心力。虽然他们当时取得了阶段性胜利，但在蔡凤辉眼里，对于工具的创新是永无止境的。现在保洁员腰包里的口香糖刷子，就是蔡凤辉在原有基础上不断升级改良的成果。"当时制作的那个已经是元老级别的了，现在这个口香糖刷子，不仅外形美观，更是方便实用。你看，轻轻一拧，细密的钢丝刷头就露出来了，现在清除地面上的口香糖，只需要几十秒时间。"面对前来采访的记者，蔡凤辉介绍道："最开始那个就是我在农贸市场买的钢丝球安到了手钻枪上，比较简

第五章 风雨后的"铿锵玫瑰" 113

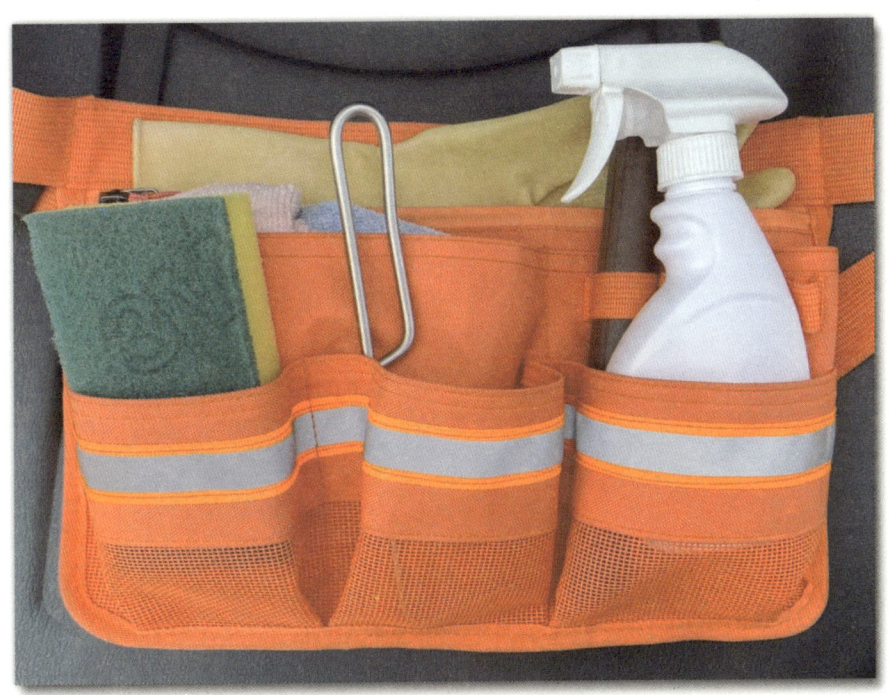

⊙ 蔡凤辉清扫工作用的"小八件"

单。现在这个是根据螺旋推降原理研发的，就和口红一样，这个刷头伸缩自如，放腰包里特方便。"

口香糖污渍的问题解决了，接下来让蔡凤辉头疼的就是天安门广场砖缝里的垃圾。砖缝小而窄，掉进去的生活垃圾、灰尘、杂草一是不容易被发现，二是不好处理。以往保洁员用水冲、用手抠，费时费力。后来蔡凤辉自主研究出了一款钩子，利用钩子细长且易发力的特性，轻轻一钩，垃圾便"上钩"了。而且这款钩子是不锈钢材质的，不容易坏，不容易生锈，挂在衣服的腰包上，离远了看，还有点儿"金属朋克风"呢！

激发蔡凤辉创新之举的除了实际工作中遇到难题，另一个重要原因是北京环卫集团一直提倡员工们具备创新意识。这就不得不提到此次"献礼"的第三个关键词：示范。

现在的天安门广场两侧，整整齐齐地摆放着一排电动四轮车。这款由北京环卫集团自主研发的科技感十足的四轮车被蔡凤辉和同事们亲切地称为"移动综合工作站"。它不但功能齐全，而且十分环保，车身顶部安装了太阳能电池板，可充分利用清洁能源为车辆运行提供动力。再看它的车身装备，那也是"包罗万象"，不仅有清扫工具——腰包、捡拾夹子、板刷、吸水墩布、线墩布、榨水箱等，还有AED急救设备。

打开微型医药箱，映入眼帘的是创可贴、藿香正气水等常用药品。AED急救设备既能作为环卫工人工作中的应急设备，又能在游客发生意外时，第一时间协助救护。目前，天安门广场人工

第五章 风雨后的"铿锵玫瑰" 115

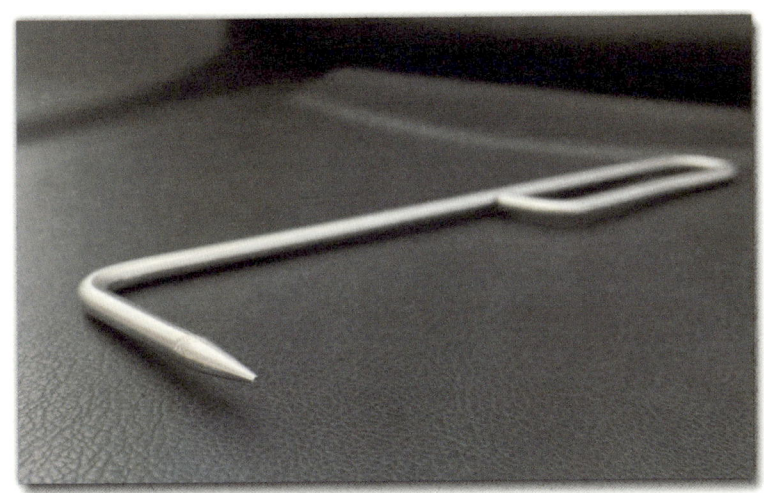

⊙ 上图 升级改良后的口香糖刷子
⊙ 下图 蔡凤辉自主研究的钩子

保洁班的职工中已有十余人取得了北京市红十字会救护员证。

2019年11月27日,北京市十五届人大常委会第十六次会议表决通过北京市人大常委会关于修改《北京市生活垃圾管理条例》的决定。修改后的《北京市生活垃圾管理条例》对生活垃圾分类提出了更高要求,于2020年5月1日起正式施行。北京环卫集团认真学习条例内容,积极响应政策要求,给电动四轮车又配备了"新包袱"——四分类垃圾桶,每个垃圾桶的盖边还安装了自动感应开关,每当有游客主动投放垃圾时,垃圾桶就会主动"张开怀抱"。自此,移动综合工作站"大八件"全部到位。

电动四轮车在天安门广场工作的时候,最兴奋的就是小朋友了,他们跟着蔡凤辉驾驶的移动小车跑来跑去,看它是怎么"吃"掉垃圾的,又是怎么给广场"洗脸"的,甚至还告诉爸爸妈妈,自己长大了也要来天安门广场开"小车"。

"本职、创新、示范",这是北京环卫集团和蔡凤辉为中国共产党成立100周年献出的一份礼物。"工具小八件+移动综合工作站大八件+作业工艺八字法",三大组合为天安门广场地区清扫工作提供了作业保障,更体现了环卫工作的新时代理念与要求。

乔木亭亭倚盖苍,栉风沐雨自担当。蔡凤辉深知,正是因为有了党领导,有了北京环卫集团这片土壤,自己这棵渐渐成长的树才能笔直高耸、郁郁葱葱……

我是京环人，我自豪

2018年劳动节前夕，习近平总书记的一封回信让蔡凤辉念念不忘，一直心怀崇敬。

2019年，本来有一个机会能够近距离聆听总书记的讲话，但因保障任务在前，蔡凤辉错过了。

2021年，蔡凤辉终于如愿以偿。"七一"这天成了她人生中最高兴、最幸福的一天。

以往，蔡凤辉都是重大活动的"幕后"环卫服务保障工作者，而这一次是她第一次以"参会者"的身份出现在"台前"。当踏进熟悉的天安门广场，望着熟悉的同事们专注地清理着红毯，她既心疼又觉得无比自豪。这里的每一块地砖、每一片地毯、每一级台阶，蔡凤辉都和同事们清洗过无数遍，她向周围一起参加观礼的代表们热情地介绍："这些都是我的同事，我也来自北京环卫集团。"

虽然时隔一年多，蔡凤辉仍旧清楚地记得当时自己的座位号——天安门广场西侧绿124排16号，仍然记得在庆祝中国共产党成立100周年大会上习近平总书记的重要讲话。蔡凤辉在台下听得热血沸腾，更为自己是中国人、是中共党员、是北京环卫集团的

⊙ 2021年,蔡凤辉在天安门广场驾驶创新垃圾分类移动三轮果皮箱进行作业

环卫工人而感到自豪。

庆祝大会结束后,蔡凤辉主动和带队领导说,自己也是此次活动的环卫保障人员之一,大会开始前因为活动安排不能和同事们一起并肩作战,现在活动结束了,她想留下来和同事们一起做好收尾工作。

在庆祝典礼后的天安门广场上,蔡凤辉和其他保洁员像往常一样忙碌着。她一边干活儿一边和大家分享着第一次现场观礼的感受,分享着习近平总书记的殷殷嘱托。而同事们也告诉蔡凤辉一个好消息:6月30日晚下了大雨,为了保障庆祝典礼的顺利进行,300余名环卫工人彻夜"红毯推水"的画面被网友们记录下来并发到了网上,一时之间引起了数百万人的关注,大家纷纷在视频下方给北京环卫集团的环卫工人点赞:"环卫工人们太不容易了!""他们是无名英雄,是钢铁战士!""致敬最美丽的京环人!"

"人走场清地净",这一天,无论是蔡凤辉还是她的同事们,大家都因为同一个身份而感到幸福、满足,那就是京环人!多次参与国家盛典环卫保障工作的蔡凤辉在这一天得以亲临现场,接受最深刻的思想洗礼;默默奉献、不辞辛苦的保洁员们在这一天得到了来自社会各界的认可与赞扬。劳动创造价值,劳动创造幸福,要问此刻美丽的鲜花送给谁,那一定是同样美丽的京环人!

⊙ 2021年，蔡凤辉在庆祝中国共产党成立100周年大会后，参与环卫保障工作的留影

行行都能出状元

"全国劳动模范"是党中央、国务院授予在社会主义建设事业中做出重大贡献者的荣誉称号，目的是弘扬劳模精神，弘扬劳动精神，弘扬中国工人阶级和广大劳动群众的伟大品格。全国劳模的评选是一项极其复杂严肃的工作，要经过层层筛选、把关、审核、检验，每一位劳模的身上必须具备"爱岗敬业、争创一流、艰苦奋斗、勇于创新、淡泊名利、甘于奉献"的新时代精神。

2020年11月24日，蔡凤辉在庄严肃穆的人民大会堂，与来自全国各地、各行各业的1689名全国劳动模范、804名全国先进工作者一起接受了党和人民给予劳动者的至高荣誉。不知为什么，这一刻她眼前出现的不是重大活动结束后的笑脸，而是每一个深夜里席地而睡的疲惫身影，是每一双连续作战熬红的眼睛，是每一次重大活动后蹒跚的步伐……看着胸前代表荣誉的闪闪发光的奖章，蔡凤辉明白：此刻的荣誉不只属于自己，更属于天安门广场每一位和她一样在平凡岗位上发挥不平凡力量的环卫工人。

活在别人的眼神里，人会迷失在自己的心路上，只有保持谦卑，才能花开万里，一路芬芳。表彰大会结束后，蔡凤辉在天安门广场拍下了一张照片，她希望自己永远记得党和国家给予的这份荣誉，记得北京环卫集团对自己的培养。同时，她更想提醒自己放下荣誉，保持初心，从头开始。摘下奖章，换上工作服，梳起往常的马尾辫，蔡凤辉又如往日一般出现在了天安门广场上。当时北京环卫集团为了祝贺蔡凤辉获得表彰，特安排机扫公司党委书记刘凯代表领导班子手捧鲜花迎接她。听到刘凯书记说着勉励自己"再接再厉，再创佳绩"的话语，蔡凤辉激动地表示："是这个'奋斗成就梦想'的新时代给了我机遇，是尊重劳动、厚待职工的环卫集团给了我莫大的支持和帮助！"

　　天上不会掉馅儿饼，生活亦没有免费的午餐。获得"全国劳动模范"荣誉称号不是终点，而是蔡凤辉继续奋斗的新起点。她用多年的成长和工作经历阐发了自己对劳模精神的体会："所谓劳模精神，就是脚踏实地、埋头苦干、自觉承担、甘于奉献的精神，就是勤奋钻研、锐意进取、力辟新域、精益求精的精神，就是走在前列、引领时代、示范群众、引领风尚的精神。"蔡凤辉在伟大复兴中国梦的征程上，守护着天安门广场，书写着环卫工人朴素却又动人的篇章……

第五章 风雨后的"铿锵玫瑰" 123

⊙ 2020年11月24日,蔡凤辉在参加全国劳动模范和先进工作者表彰大会后于人民大会堂前留影

路在远方，共同成长

1995年，蔡凤辉第一次来到北京，转眼二十余载已过，如今的北京对于蔡凤辉来说再也不是梦里才能到达的地方，而是她生活和工作扎根的土壤。2022年，女儿孔江丽保研至北京邮电大学，儿子孔江鹏也在大学生入伍的行列中表现优异。一双儿女即将迈入人生另一个重要阶段，蔡凤辉想给儿女写一封信。坐在书桌前，她拿起笔缓缓地写下：

我亲爱的孩子们：

首先，祝你们毕业快乐！这些年来，妈妈内心觉得很愧疚，因为自己并不是一个合格的母亲，但你们成了最优秀、最让我骄傲的孩子。还记得小时候你们俩跟着妈妈来到北京，住在又狭小又潮湿的办公室，一旦单位要检查，你们两个就条件反射似的藏在床底下。还有一次妈妈过生日，你们两个偷偷给妈妈准备了生日礼物，两双小手托着大大的果盘，里面摆满了你们两个卖瓶子存的两毛、五毛、一块钱，你们说："妈妈，祝你生日快乐，以后我们挣了钱都给你和爸爸花。"时间过得真快呀，我可爱的孩子们都长这么大

第五章　风雨后的"铿锵玫瑰"

⊙ 2020年2月,蔡凤辉在金水桥前扫雪

了,你们总说让妈妈放心向前冲,你们会支持我、保护我。孩子们,妈妈想说,谢谢你们,因为有了你们,妈妈才能全心全意地把自己交给工作。同时,妈妈也希望你们能在人生的下一阶段继续寻找自己的热爱,眼中有光,心中有梦!

永远爱你们的妈妈

4月的春风吹来了一段段往事,看着窗前已然悄悄绽放的玫瑰,蔡凤辉思绪万千。一路走来,自己也有过彷徨无措,有过困惑难解,体会过人生的苦痛,也流下过酸涩的眼泪,每当这时,父母、丈夫、孩子就成了她继续前行的力量。

世界上大概没有什么比"家"这个字更让人感觉到温暖、踏实了吧!对于蔡凤辉来说,北京环卫集团就是她在北京的"家"。她在这个"家"里成长,也见证这个"家"在所有人的努力下变得更好、更强。

坚持从来不是无意义的重复,而是奇迹的代名词。作为大家庭中的一分子,蔡凤辉一心想的都是做好自己的分内事,在平凡的岗位上实现自己的价值。而家给予孩子的永远都是认可与鼓励,从先进个人到优秀管理干部,从全国五一劳动奖章到全国劳动模范称号,这些荣誉是对努力的人最好的奖赏。

2022年,蔡凤辉当选为中国共产党第二十次全国代表大会代表,在10月16日这天,于北京人民大会堂现场聆听了习近平总书记代表十九届中央委员会所作的《高举中国特色社会主义伟大旗帜 为全面建设社会主义现代化国家而团结奋斗》的工作报告。

第五章 风雨后的"铿锵玫瑰" 127

⊙ 上图 2020年2月，蔡凤辉对区域果皮箱进行消毒
⊙ 下图 2022年2月，蔡凤辉参加北京冬奥会开幕式

近2个小时的讲话中,全场响起了32次掌声,其中有2次鼓掌令蔡凤辉印象深刻。一次是总书记讲到"江山就是人民,人民就是江山。中国共产党领导人民打江山、守江山,守的是人民的心"时,雷鸣般的掌声响起,这是对党一心为公、一心为民的赞叹、肯定与拥护;另一次是总书记提到"国家统一、民族复兴的历史车轮滚滚向前,祖国完全统一一定要实现,也一定能够实现"时全场掌声雷动,代表们激动万分,对祖国统一的信心让大家忘情地拍红了手掌……

在接下来的分组审议中,大家一致认为习近平总书记对过去五年党的各项工作和新时代十年的伟大变革所进行的总结,实事求是,令人振奋也备受鼓舞,同时报告对未来五年的发展进行了全面、深入的战略部署,这些部署针对性强,鼓舞人心,催人奋进。而总书记在报告中所提到的"在全社会弘扬劳动精神、奋斗精神、奉献精神、创造精神、勤俭节约精神,培育时代新风新貌"更是让蔡凤辉倍感亲切、倍增干劲、倍添动力!党的二十大是全国各族人民的一场盛会,对于蔡凤辉而言更是一堂高瞻远瞩、思想深邃、内容博大精深、具有里程碑意义的党课。

远方很远,脚下的路亦很长。走出会场,蔡凤辉带着对新征程的期待与信心回到了她所热爱的事业中。作为一名一线环卫工人、一名普通的劳动者,她想为党、为北京环卫集团做的事还有许多许多。看着时任北京市市长陈吉宁亲手赠予的"首日封",上面的红戳深深刻印在了蔡凤辉的心里,她给自己制定了一系列新的奋斗目标,第一个就是要将党的二十大精神原汁原味地带回

第五章 风雨后的"铿锵玫瑰" 129

⊙ 2022年,蔡凤辉参加中国共产党第二十次全国代表大会留影

来，要继续在平凡的岗位上以先进、模范的标准规范自己、带动他人，让身边每一个在新时代努力奋进的平凡人都能用劳动书写精彩，用奋斗成就自我，用创新实现突破！

如果你是一滴水，你是否滋润了一寸土地？如果你是一缕阳光，你是否驱散了黑暗？如果你是一颗细小的螺丝钉，你是否日夜坚守在工作的岗位上？与君共勉，山高水长。

第五章　风雨后的"铿锵玫瑰" | 131

⊙ 2019年，蔡凤辉驾驶自主改良的第二代电动环保车清扫天安门广场

附：蔡凤辉2012年至2022年所获荣誉

■ 2012年，被北清物业管理有限责任公司评为"优秀管理干部"

■ 2012年至2019年，连续被评为天安门地区公安分局群防群治力量"先进个人"

■ 2013年，被北京环境卫生工程集团有限公司评为"文明之星"；被北清物业管理有限责任公司评为"优秀管理干部"

■ 2014年，获得北京市三八红旗手称号；被北清物业管理有限责任公司评为"优秀管理干部"

■ 2015年，被中华全国妇女联合会评为"全国巾帼建功标兵"；在纪念中国人民抗日战争暨世界反法西斯战争胜利70周年阅兵活动环卫服务保障工作中被北京环卫集团评为"先进个人"；荣获2015年度"京环奖章"

■ 2016年，荣获中华全国总工会颁发的"全国五一劳动奖章"

■ 2017年，被北京环卫集团授予"时传祥作业质量奖"

■ 2018年至2021年，连续四年被中国劳动关系学院评为"优秀学员干部"

■ 2019年，被北京环卫集团评为"先进个人"

■ 2020年，被北京环卫集团评为"优秀共产党员"

■ 2020年，被中共中央、国务院授予"全国劳动模范"称号

■ 2021年，被北京城市机扫服务有限公司评为"优秀共产党员"

■ 2022年，当选为中国共产党第二十次全国代表大会代表

■ 2023年，被中华全国妇女联合会授予2022年度全国三八红旗手称号